D1700941

rororo

Wann ist man philosophisch

Woher weiß der Frosch, dass er ein Frosch ist? Was heißt genau: «Ich bin»? Gibt es Zeitmaschinen? Und: Kann man Gott werden? Zu lernen, wie Dinge zu handhaben sind, ist oft schnell geschehen, z. B. das eigene Fahrrad zu reparieren. Aber die Frage zu beantworten, was das Fahrrad zum Fahrrad macht, ist gar nicht so einfach. An diesem Punkt fängt das Philosophieren an. Mit kurzen Geschichten und überraschenden Gedanken zu wichtigen Fragen des Lebens wird hier gezeigt, dass wir alle philosophisch sind – immer und jederzeit!

Kristina Calvert, geboren 1961, ist Erziehungswissenschaftlerin und promovierte Kinderphilosophin, Dozentin und Lehrerin. Seit 14 Jahren philosophiert sie regelmäßig mit Kindern und Jugendlichen in Museen, in freien Gruppen und an zahlreichen Schulen. Sie ist Mutter von Zwillingen (mit denen sie ebenfalls gerne debattiert) und lebt mit ihrer Familie in Hamburg.

Antje von Stemm, Jugendliteraturpreisträgerin und Papieringenieurin, hat in diesem Band die Schere gegen Stifte und Pinsel eingetauscht und viele schöne Zeichnungen zum Amüsieren und Philosophieren in den Text eingearbeitet.

Kristina Calvert

Können Steine glücklich sein?

Philosophieren mit Kindern

Rowohlt Taschenbuch Verlag

science & fun
Lektorat Angelika Mette

Originalausgabe ·
Veröffentlicht im Rowohlt
Taschenbuch Verlag,
Reinbek bei Hamburg,
August 2004 ·
Copyright © 2004 by Rowohlt
Verlag GmbH,
Reinbek bei Hamburg ·
Redaktion Susmita Arp ·
Umschlaggestaltung
any.way, Barbara Hanke
(Foto: PicturePress/The Image
Bank) ·
Reihentypografie
Iris Farnschläder, Hamburg ·
Gesetzt aus Minion und
Thesis Serif in QuarkXPress 4.1 ·
Gesamtherstellung
Clausen & Bosse, Leck ·
Printed in Germany ·
ISBN 3 499 21266 8

Für Charlie, Pat, Ingrid und Elke

Inhalt

Einleitung: Tipps und Tricks zum Philosophieren
- 10 Wieso, weshalb, warum?
- 12 Du machst dir (k)einen Begriff
- 13 Je unglaublicher, desto besser

Wann ist der Freund ein Freund?
- 15 Die beiden Enten und die Schildkröte
- 17 Auf Spielplätzen und auf Räuberburgen
- 20 Gute Freunde sind immer füreinander da – oder?
- 21 Kann ich mit mir selbst befreundet sein?
- 22 Mit Aristoteles die Freunde testen

Was ist eigentlich Willenskraft?
- 26 Kekse, ich will Kekse!
- 27 Wieso nur wollen wir Dinge, die wir gar nicht wollen?
- 29 Der Wille, ein Schwerstarbeiter unter den Begriffen

Warum haben zwei nicht das gleiche Recht?
- 32 Wie du mir, so ich dir
- 33 Haben alle Menschen die gleichen Wünsche?
- 34 Karlsson und Lillebror – ein komisches Duo
- 36 Die goldene Regel wäre eine gute Regel, wenn …

Kann man in der Zeit reisen?

- 37 Eine ungewöhnliche Bibliothek
- 39 Wie lange dauern 30 Minuten in Togo?
- 40 Kann man Zeit abwaschen?
- 40 Mal läuft sie gerade – mal läuft sie rund
- 43 Mit Einstein in die Zukunft reisen

Was soll das eigentlich mit der Angst?

- 46 Der Stier und die Wildziegen
- 47 Was wollen die Monster unter meinem Bett?
- 48 Von Geisterfelsen und Geistertieren
- 50 Angst verleiht Flügel

Was ist hinter dem Universum?

- 53 Wo bitte geht's zum Rand der Welt?
- 55 Hat alles ein Ende?
- 56 Ich sehe das All vor lauter Sternen nicht
- 58 Galaxien auf der Flucht

Ist unser Leben nur ein Traum?

- 61 Träume sind Schäume
- 62 Der König träumt dich
- 63 Die eine Hälfte des Tages schlafen wir – nur welche?

Woher kommen die Wörter?

- 66 Warum heißt Apfeltorte «Apfeltorte»?
- 67 Sieht ein Robin anders aus als ein Heinz?
- 68 Fußrund oder Fußball
- 70 Auf der Suche nach dem Wörtermacher
- 72 Eine Welt ganz ohne Worte

74 Kann man «heute» in die Tasche stecken?
75 Sind Affen anders als Menschen?

Wer bin ich?

76 Eine merkwürdige Frage
77 Ich denke, also bin ich!
78 Vom Tiger, der unter den Schafen aufwuchs
80 Gibt es überhaupt ein Ich?
82 Im Herz, im Hirn, in den Genen – wo sitzt mein Ich?

Können Steine glücklich sein?

85 Sei doch nicht immer so eine Mimose!
86 Haben Joghurtbecher eine Seele?
88 Aristoteles und der Geburtstag meiner Katze
90 Alles, was lebt, möchte glücklich sein!
92 Wie sieht das Glück der Steine aus?
93 Die zwei Vögel auf einem Baum

Wozu brauchen wir überhaupt Regeln?

94 Haben drei mehr Rechte als einer?
96 Der Mensch – ein nicht festgestelltes Tier
97 Die frierenden Stachelschweine
99 Welche Rechte haben Kinder?

Und zum Schluss:
Noch mehr philosophische Fragen

104 Verwendete Literatur
107 Dank
108 Register
111 Abbildungen

Einleitung: Tipps und Tricks zum Philosophieren

Philosophieren gehört zum täglichen Leben wie Zähneputzen und Haarekämmen. Egal, wo auf der Welt, Menschen philosophieren. Es ist so unverzichtbar, weil es um Ideen und um Gedanken geht, die sich jeder Einzelne über sich selbst macht, über andere, über Gott und die Welt. Fürs Philosophieren braucht man keine Apparate wie in der Biologie, Chemie oder Physik. Beim Philosophieren werden die Experimente in Gedanken und Gesprächen mit Bildern und Begriffen durchgespielt.

Hier geht es um gewöhnliche und besondere Fragen wie: Können Steine glücklich sein? Ist unser Leben nur ein schöner Traum? Was ist eigentlich hinter dem Universum? Oder: Wann ist der Freund ein Freund? Solche Fragen hast du dir vielleicht genauso wie viele Kinder und Jugendliche auch schon gestellt. Ich habe für dieses Buch einige besonders spannende philosophische Themen ausgesucht. Damit du Ideen zum Weiterdenken bekommst, gibt es zu jeder Frage Geschichten, Experimente, Bilder und Kommentare von Wissenschaftlern und Philosophen. Du kannst ja mal sehen, ob diese Denkanstöße dir und deinen Freunden und deiner Familie bei der Lösung der philosophischen Probleme weiterhelfen.

Junge genauso wie alte Philosophen wollen die Welt verstehen. Auf der Suche nach der Wahrheit finden sie immer wieder bessere, klarere Vorstellungen von der Welt. Es kann sein, dass man beim Philosophieren zu anderen Antworten gelangt als seine Freunde oder dass man seine Meinung im Laufe des Lebens wieder ändert. Doch das macht gar nichts. Das gehört zum Philosophieren dazu!

Philosophierende sind nicht in Geheimbünden oder in Clubs organisiert, zu dem nur Auserwählte Zugang haben. Die wichtigsten Voraussetzungen für das Philosophieren sind Neugier und Spaß am Wundern – und das hat jeder!

Fußballspielen, Skaten und Klavierspielen kann man lernen, du wirst schließlich nicht als Skater geboren. Das Gleiche gilt fürs Philosophieren. Auch hier gibt es Tricks und Techniken, mit denen man sich an etwas scheinbar Unlösbares herantastet.

Wieso, weshalb, warum?

Wichtige Spielfiguren beim Philosophieren sind Behauptungen und Argumente. Wenn du also sagst: «Blumen können glücklich sein», dann würde ich dich fragen: «Und wieso? Könntest du mir Gründe nennen, die deine Behauptung belegen?» Vielleicht würdest du antworten: «Ja, immer wenn ich freundlich mit meinen Blumen spreche, dann wachsen sie besser, wenn ich dagegen meine Blumen überhaupt nicht beachte, dann gehen sie meist ein.» In diesem Fall stützt du deine Feststellung mit einem Beispiel aus deinem Leben. Nun müsste man noch herausfinden, ob deine Behauptung auch allgemein gültig ist. Man müsste also prüfen, ob immer wenn jemand mit Blumen spricht, diese besser wachsen und ob «besser wachsen» wirklich ein Zeichen für Glück ist.

Beim Philosophieren kann man nicht nur sagen: «Ich denke das eben so, basta!», sondern man versucht, durch Gründe und Beispiele seine Gedanken für sich selber und für die anderen klarer zu machen. Eine Möglichkeit, um nach Beispielen zu suchen, ist natürlich dein eigenes Leben. Sicher kennst du viele Momente, in denen du sehr glücklich warst, und vielleicht ähneln deine Glücksmomente denen deiner Freunde.

«Letztens haben alle meine Mannschaftsfreunde beim Fußballspiel trotz sehr schlechten Wetters und einer 2:1-Niederlage nach dem Spiel zusammengesessen und Witze erzählt. Freundschaften machen mich glücklich.» – «Ja, das kenne ich auch ...», wirst du vielleicht sagen. Wenn nun viele ihre Geschichten zur Freundschaft erzählt haben, kann man weiter fragen, was diese Geschich-

ten gemeinsam haben und ob Freundschaften ein sicherer Weg zum Glück sind.

Auch mit Beispielen aus Büchern lässt sich die eigene Meinung begründen. Wenn du den anderen kleine Geschichten erzählst, verstehen sie dich besser, und du kannst deine Argumente gut stützen. Mit der Fabel des zur Pharaonenzeit lebenden Dichters Aesop von der Landmaus und der Stadtmaus zum Beispiel könnte man erklären, warum man meint, dass Glücksvorstellungen manchmal auch sehr unterschiedlich sind oder etwas damit zu tun haben, das zu tun, was man am besten kann: Die Stadtmaus meint die Landmaus überreden zu müssen, doch zu ihr in die Stadt zu ziehen, da sie dort das glücklichere Leben führe. Die Landmaus lässt sich darauf ein. Doch sie hat große Schwierigkeiten, in der Stadt mit all dem Verkehr klarzukommen, während die Stadtmaus die mühsame Suche der Landmaus nach Nahrung nicht verstehen kann. Viele gute Beispiele findet man auch in den

Wieso, weshalb, warum? • 11

Büchern berühmter Philosophen. Denker wie die Griechen Platon und Aristoteles und der Deutsche Immanuel Kant versuchen oft, ihre Gedanken durch kleine Geschichten zu erklären.

Du machst dir (k)einen Begriff

Hilfreich beim Philosophieren ist es, die Begriffe zu klären. Um herauszufinden, was den Freund zum Freund macht, sollte man einmal den Begriff Freundschaft herausnehmen und gemeinsam überlegen, was wohl alles zur Freundschaft dazugehört. Dazu kann man nach ähnlichen oder entgegengesetzten Begriffen suchen: Welcher Begriff ähnelt der Freundschaft? «Partnerschaft», könntest du jetzt sagen, «oder Team.» Aber was unterscheidet die Begriffe? Und woran denkst du, wenn du an Freundschaft denkst? Ist Feind das Gegenteil von Freund? Während man nach der angemessenen Bedeutung fahndet, macht man sich schon sehr viele Gedanken zur Freundschaft und klärt, was man selber, aber auch was die anderen darunter verstehen.

Manchmal hilft es bei schwierigen Fragen auch, passende Bilder zu suchen, zum Beispiel Sprichwörter, in denen der Begriff Glück auftaucht. Bestimmt kennst du dieses: «Das Glück der Erde liegt auf dem Rücken der Pferde.» Aber was hat das mit Glück zu tun? Indem man klärt, was das Sprichwort sagen will und ob man findet, dass es stimmt, wird einem vieles über das Glück klarer.

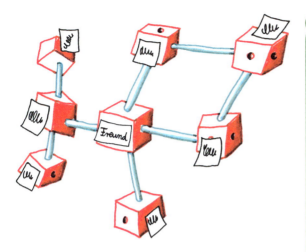

Experimente

Ein Molekül bringt den Durchblick!

Wenn du mit deinen Freunden überlegst, was Freundschaft ausmacht, notiert eure Gedanken doch einmal auf einzelne Zettel – und baut ein Molekül daraus: So ein Begriffsmolekül besteht aus winzigen Gedankenbausteinen, die zusammengesetzt den Begriff Freundschaft ergeben, wie ihr ihn euch vorstellt. Beim Anordnen der Gedankenbausteine muss man sich entscheiden, an welche Stelle die einzelnen Teile kommen. Gehört «sich gegenseitig helfen» ganz nah an den Kern der Freundschaft? Oder kann es auch etwas weiter weg gesteckt werden, weil es nur für manche und nicht für alle Freundschaften wichtig ist? Sollte ein Gedanke eher nach unten, weil andere darauf aufbauen? Ist zum Beispiel Sympathie eine Voraussetzung, damit man mit jemandem Spaß haben kann?

Wortbilder sind das eine, gemalte Bilder das andere. Wie würde dein Bild zum Thema Glück aussehen? Welche Farben benutzt du? Welche Formen oder Töne hat das Glück? Mit welcher Handbewegung verbindest du Glück? Mit welcher Unglück? Aus welchem Stoff ist das Glück? Ist es etwas Weiches oder Hartes, etwas Glattes oder Gewelltes?

Je unglaublicher, desto besser!

Für Gedankenexperimente braucht man praktischerweise keinen Bunsenbrenner und keine Schutzbrille, dafür aber viel Phantasie. Gedankenexperimente machen besonders viel Spaß, weil man sich Situationen vorstellt, die etwas mit dem Begriff zu tun haben und die einem ganz unmöglich erscheinen. Da fällt mir beispielsweise ein: Wie wäre das Leben, wenn man einen eingebauten Chip im Körper hätte, der einen automatisch glücklich macht? Wie würde dein Leben aussehen? Und wo müsste der

Chip sitzen? Beim Philosophieren solltest du dir möglichst unmöglich Fragen ausdenken!

Philosophierende fragen viel – sehr viel sogar. Denn sie wollen hinter die Kulissen schauen. Sie gehen freundlich miteinander um, sie haben Spaß dabei, gemeinsam auf «Gedankenexpedition» zu gehen. Sie hören einander zu, sie lassen einander ausreden. Hier gibt es kein Gewinnen oder Verlieren. Philosophieren ist kein Wettkampf. Oft kommen die Gedanken nicht zu einem Ende, dann freut man sich schon darauf, sich wieder zusammenzusetzen und weiter gemeinsam über das Glück nachzudenken!

Ich habe die Fragen, die ich dir hier zum Philosophieren anbiete, aus einer Liste von Fragen ausgewählt, die Kinder mir vorgeschlagen haben. Wenn du nach der Lektüre des Buches Lust hast, kannst du ja mit Freunden oder deinen Eltern hinten nachschlagen und einfach weiterphilosophieren. Falls dir darüber hinaus noch ganz Neues einfällt (und davon gehe ich aus), schreib mir eine E-Mail an www.philokids.de.

Wann ist der Freund ein Freund?

Die beiden Enten und die Schildkröte

Zwei Enten und eine Schildkröte lebten in guter Freundschaft an einer Quelle. Als sie zu versiegen drohte und die Enten fortziehen wollten, war die Schildkröte so unglücklich, dass die Enten ihr vorschlugen, sie mit sich durch die Lüfte zu tragen. Sie würden einen Stock zwischen sich nehmen, an dem sich die Schildkröte mit dem Maul festhalten müsse; keinesfalls dürfe sie unterwegs sprechen. Als sie so über ein Dorf flogen, schauten die Menschen staunend zu der merkwürdigen Gruppe hinauf. Das bemerkte die Schildkröte, und sie wollte voller Stolz auf ihre ungewöhnliche Lage aufmerksam machen. Da fiel sie herab und war tot.

Die Enten und die Schildkröte scheinen wirklich gute Freunde zu sein. Wie nett von den Enten, nicht nur an sich zu denken. Nichts wäre einfacher für die Enten gewesen, als davonzufliegen! «Soll doch die Schildkröte bleiben, wo sie ist, sie kann eben nicht fliegen!», hätten die Enten sagen können. Doch das Leid der Freundin, die so ganz anders als die Enten ist, rührt ihr Herz, und sie beschließen den waghalsigen Plan, die Schildkröte zu retten. So etwas machen nur wirkliche Freunde!

Die Enten möchten, dass es der Freundin

> **Berühmte Leute**
>
> **Einer für alle, alle für einen!**
>
> Das war das Motto der bekanntesten Freunde der Ritterzeit, der drei Musketiere Athos, Porthos, Aramis und ihres Kameraden d'Artagnan. Die vier Freunde existierten wirklich. Sie dienten Anfang des 17. Jahrhunderts in der Garde des französischen Königs. Dass sie bis heute berühmt sind, verdanken sie dem Schriftsteller **Alexandre Dumas**, der rund 200 Jahre später in seinem Roman «Die drei Musketiere» ihre Abenteuer beschrieb.

genauso gut geht wie ihnen. Und selbstlos, wie es nur Freunde sein können, setzen sie ihr eigenes Leben aufs Spiel. Die Rettungsaktion ist auch für die Enten nicht ohne Risiko! Man kann also sagen, sie setzen sich mit Leib und Seele für die Freundschaft mit der Schildkröte ein. Die Schildkröte kommt zwar bei dem Rettungsversuch um, aber die Enten brauchen sich nicht vorzuwerfen, nicht alles für die Freundin versucht zu haben.

Man könnte über die Geschichte der drei aber auch etwas ganz anderes denken: Sollten Freunde nicht am besten wissen, was gut für den anderen ist? Die Enten hätten doch ahnen müssen, dass die Rettungsaktion für die Schildkröte viel zu gefährlich ist. Bestimmt kannten sie die Schwäche der Freundin, den Mund in entscheidenden Momenten nicht halten zu können. Sie hätten ihr das als gute Freunde sagen müssen. Ehrlichkeit gehört zu einer guten Freundschaft. Die Schildkröte in die Luft zu heben und sie sich dann nur am Maul festhalten zu lassen, das sieht fast so aus, als wenn die Enten die Schildkröte doch gar nicht so gut kannten und nicht so gute Freunde gewesen sind, denn sonst hätten sie ihr so etwas Gefährliches nicht zugemutet. Die Schildkröte vertraute darauf, dass die Enten schon wüssten, was gut für sie sei, und dass sie es schaffen könnte, zum nächsten Teich zu kommen. Die Enten hätten vorsichtiger mit ihrer Freundin umgehen müssen, denn Freunde schützen einander. Enten und Schildkröten sind eben zu verschieden, um Freunde zu sein. Am Ende könnte man sogar behaupten, dass die Enten schuld am Tod der Schildkröte seien.

Bevor du weiter darüber nachdenkst, lass uns doch mal ein Minifazit ziehen. Das gehört zu einer Freundschaft:

- Hilfsbereitschaft
- füreinander einstehen
- die Stärken und Schwächen des Freundes kennen
- Ehrlichkeit
- Vertrauen
- dem Freund helfen, zu erkennen, was er kann und was er nicht kann
- den Freund vor Gefahren schützen

Auf Spielplätzen und auf Räuberburgen

In der Geschichte von den Enten und der Schildkröte sind diese bereits länger freundschaftlich verbunden. Aber wie lange muss man sich kennen, um wirklich von Freundschaft sprechen zu können?

Manchmal geht das ganz schnell: Marie ist auf dem Spielplatz, sie geht zu dem Jungen mit der blauen Mütze und fragt ihn: «Willst du mein Freund sein?» Er guckt sie an und nickt. Die beiden beginnen zu spielen. «Das kenne ich», werdet ihr jetzt vielleicht zustimmen, «das ist mir auch schon einmal so gegangen. Letzten Sommer im Urlaub langweilte ich mich und ging so den Strand entlang. Da traf ich ein Mädchen, das genau den gleichen Bikini wie ich anhatte. Wir standen nebeneinander, guckten uns argwöhnisch an und mussten schließlich beide laut loslachen. Sie spielte genauso gern Ball wie ich. Wir unterhielten uns und spielten zusammen. Am Abend war sie meine Freundin. Wir hatten eben etwas gemeinsam – Urlaub, Bikini, Freude am Ballspielen, Langeweile beim Alleinsein – und fanden uns sympathisch. Sie sorgte dafür, dass ich mich gut fühlte, und ich sorgte dafür, dass sie sich gut fühlte. So nützte uns beiden die Freundschaft. Wir haben uns dann aus den Augen verloren, weil wir vergaßen, die Adressen auszutauschen, aber für den einen Tag waren wir Freundinnen. Ein Tag reicht, um zu sagen, dass jemand ein Freund ist.»

> **Nachgefragt**
>
> **Wieso ist jeder Erwin ein Freund?**
>
> Es gibt Namen, die haben den Freund schon in sich. Zum Beispiel alle, die auf -win enden. Denn *wini* heißt im Germanischen «Freund». Erwin ist der «Freund des Heeres» und Ortwin der «Freund der Schwertspitze», man könnte auch sagen: der «Freund der Kämpfer». Einer der Könige aus der Nibelungensage heißt Ortwin. Sein Name kommt nicht von ungefähr, denn er ist ein treuer Gefährte der Könige und kämpft an ihrer Seite gegen das Böse. Auch eine Philosophin ist übrigens immer eine Freundin, nämlich eine «Freundin der Weisheit». Das Wort *philo* stammt aus dem Griechischen und bedeutet «Freund».

Nun erwidert bestimmt jemand: «Also, da bin ich ganz anderer Meinung. Die beiden Kinder auf dem Spielplatz können nicht schon Freunde sein, nur weil einer den anderen fragt: ‹Willst du mein Freund sein?› Die kennen ja noch nicht einmal ihre Namen. Eine Freundin muss man erst richtig kennen lernen, und dazu braucht man Zeit. Außerdem ist im Urlaub – wie in dem Beispiel von den beiden Mädchen mit den gleichen Bikinis – doch vieles anders. Im Urlaub findet man schon Leute okay, die nur mit einem spielen und einem helfen, die Langeweile zu vertreiben. Eine Freundschaft fängt aus meiner Sicht erst an, wenn der andere mit mir Höhen und Tiefen überstanden hat und uns eine gemeinsame Geschichte verbindet. Denn wie kann man sonst seinem Freund vertrauen?»

Zum Thema Vertrauen fällt mir noch etwas ein. Kennst du das Buch «Ronja Räubertochter» von Astrid Lindgren? Ronja wächst in einer Räuberbande auf. Da gibt es Glatzen-Per, Fjosok, den Anführer Mattis und andere. Die Räuberbande lebt auf der Mattisburg und macht immer alles gemeinsam. Tagsüber rauben und betrügen sie, und abends sitzen sie beim Essen. Sie tanzen und machen Witze, sie erzählen sich Geschichten und lachen. Du könntest jetzt sagen, dass sie Freunde sind, denn sie verbringen viel Zeit miteinander, sind sich nützlich und haben es nett miteinander. Aber wenn man es sich recht überlegt: Freunde wollen für sich selbst und für andere Gutes. Im Wort Freund ist ja sozusagen das Freundliche enthalten. Nun sind aber die Räuber zu anderen nicht freundlich, denn sie betrügen und rauben. Hättest du als Freund von Mattis, dem Räuberhauptmann, nicht immer Angst, dass er auch dich irgendwann übers Ohr haut, weil es ja sozusagen sein Beruf ist, unfreundlich zu sein? Außerdem würde ich sagen, dass Freunde doch nicht nützlich sind. Nützlich sind doch nur Dinge. Freunde sollten etwas Angenehmes sein.

Nun könntest du natürlich erwidern: «Ich kenne eine Geschichte, in der mehrere befreundete Mädchen eine Bande gründen. Um aufgenommen zu werden, müssen die Mädchen Mutproben bestehen. Diese Mutproben sind oft nicht gerade freundlich; sie müssen zum Beispiel Süßigkeiten klauen oder nachts den Nachbarn erschrecken. Auch wenn man nicht immer freundlich ist, kann man ein Freund sein.»

In der ganzen Diskussion haben sich zwei verschiedene Vorstellungen von Freundschaft gezeigt:

Manche meinten, dass Freundschaften
- nützlich sind, weil es beiden dadurch gut geht
- Langeweile vertreiben und Spaß machen
- auf spontaner Sympathie beruhen und schnell zu erkennen sind
- sehr kurz sein können (einen Tag)

Andere entgegneten, dass Freundschaften
- Zeit brauchen, damit man jemanden als Freund kennen lernen und ihm vertrauen kann
- Geschichten von Höhen und Tiefen haben
- gute, freundliche und ehrliche Menschen braucht
- rundherum angenehm sind

Berühmte Leute

Ein Freund der Armen und Unterdrückten

Im mittelalterlichen England lebte er mit seiner Räuberbande in Sherwood Forest bei Nottingham: **Robin Hood** war sein Name, und als «guter und gerechter» Räuber wurde er der Held vieler Volkslieder und Romane. Er überfiel mit seinen Getreuen die Reichen und Mächtigen seines Landes und machte auch vor habgierigen Bischöfen nicht Halt. Die Beute behielt er nicht selbst, sondern verteilte sie unter den Armen und Unterdrückten. So wurde er zu einem der bekanntesten und beliebtesten Volkshelden und ist euch sicherlich aus einem der Spiel- oder Zeichentrickfilme bekannt, die es heute über ihn gibt. Ob er wirklich gelebt hat oder Robin Hood nur eine Legende ist, weiß man bis heute nicht ganz genau.

> **Nachgefragt**
>
> **Haben Einsiedler auch Streit?**
>
> Einsiedler ist ein anderes Wort für Eremit. Eremiten sind Menschen, die die Einsamkeit suchen, um in Ruhe über sich selbst und die Welt nachdenken zu können. Sie meinen, dass andere Menschen sie beim Denken nur ablenken. Häufig leben Mönche als Einsiedler, um so eine größere Nähe zu Gott zu bekommen. Auch dem Zauberer Merlin, der am mittelalterlichen Hof des sagenumwobenen König Artus lebte, wird nachgesagt, er habe als Waldbruder, also allein im Wald gelebt.

Gute Freunde sind immer füreinander da – oder?

Erzählen wir die Geschichte der beiden Kinder auf dem Spielplatz doch noch ein bisschen weiter: Stellt euch vor, da kommt Maries beste Freundin Paula, sie kennen sich von klein auf. Paula fragt Marie: «Kannst du mir mal helfen, ich kann meinem Teddy den Pullover nicht überziehen?» Marie hat keine Lust, sie spielt mit dem Jungen. Muss Marie ihrer Freundin nicht immer helfen – auch wenn sie keine Lust dazu hat? «Das ist für mich ganz klar», könntest du jetzt sagen, «Marie ist die beste Freundin von Paula und wie in dem Beispiel mit den beiden Enten und der Schildkröte müssen Freunde immer füreinander da sein und sich helfen. Da kann Marie nicht einfach sagen, dass sie keine Lust hat.»

Du könntest aber auch erwidern: «Was ist mit dem Argument, dass Freunde auch dafür da sind, dass ich mich gut fühle, dass sie mir eben angenehm sind? Wenn Marie so in das interessante Spiel versunken ist, dass sie ihrer Freundin jetzt gerade nicht helfen kann, dann muss eine gute Freundin das aushalten. Denn gute Freunde wollen dem anderen Gutes. Und man hat ja schließlich mehr als nur einen Freund – sozusagen für verschiedene Spiele verschiedene Freunde.»

Es gibt auch Situationen, da kann einem der Freund gestohlen bleiben! Dann braucht man sich wenigstens nicht immer zu streiten. Freundschaften können manchmal ganz schön anstrengend sein. Ist das Leben eines Einsiedlers, der ganz allein lebt, nicht viel angenehmer?

Kann ich mit mir selbst befreundet sein?

Anne Frank war der Name eines jüdischen Mädchens, das wegen der wachsenden Diskriminierung und Verfolgung von Juden in Deutschland bereits vor Beginn des Zweiten Weltkrieges mit ihrer Familie 1934 nach Amsterdam / Holland emigrierte. Zu ihrem 13. Geburtstag, am 12. Juni 1942, bekam sie von ihrem Vater ein rot-weiß kariertes Tagebuch geschenkt. Noch am selben Tag notierte sie darin, sie hoffe, dem Tagebuch alles anvertrauen zu können wie der allerbesten Freundin. Als ihre ältere Schwester Margot Anfang Juli 1942 von den Behörden die Aufforderung erhält, sich zum «Arbeitseinsatz in Deutschland» zu melden, taucht die Familie Frank aus Angst, verschleppt zu werden, in einem Versteck im Hinterhaus der Firma von Otto Frank unter. Dort lebt die Familie zusammen mit anderen Verfolgten über zwei Jahre auf engstem Raum.

Als ihr Versteck am 4. August 1944 entdeckt und von der Geheimpolizei gestürmt wird, besteht das Tagebuch bereits aus mehreren zusätzlichen Heften und vielen losen Seiten. Die Familie Frank und die anderen jüdischen Flüchtlinge werden ins Konzentrationslager verschleppt. Annes Tagebuch bleibt zurück. Das Ende des Krieges überlebt nur ihr Vater.

Diese erschütternde und wahre Geschichte zeigt, dass Anne in ihrem Versteck tatsächlich nur das Tagebuch hatte, dem sie alles anvertrauen konnte. Sicher hätte sie gerne auch eine Freundin aus Fleisch und Blut gehabt, mit der sie hätte spielen und zur Schule gehen können. Die Verfolgung der Juden durch die deutschen Nationalsozialisten machte dies unmöglich. Anne lebte nicht freiwillig so isoliert von der Außenwelt und reagierte mit ihrer Tagebuch-Freundin, der sie den Namen Kitty gab, auf diese besonders schrecklichen Lebensumstände.

Nun könntest du mit Recht fragen, ob man denn mit einem Tagebuch wirklich befreundet sein kann. Für Anne war Kitty eine Zeit lang die wichtigste Ansprechpartnerin, der sie alles er-

Dieses Foto von sich klebte Anne Frank auf die Innenseite des Umschlags ihres Tagebuchs, das sie zum 13. Geburtstag geschenkt bekommen hatte

zählen konnte und die in ihrer Vorstellung nicht älter war als sie selbst. Sie war immer für sie da – wenn auch nur auf dem Papier.

«Aber», könntest du weiter zweifeln, «eine Freundin hat doch eine ganz eigene Gedankenwelt und kann nicht in meinen Kopf hineinschauen. Eine Freundin wird mir immer auch Dinge über mich sagen, die ich von allein nie gesehen hätte. Ein Tagebuch enthält dagegen nur eine einzige Perspektive, die des Verfassers. Anne hört immer nur ihr eigenes Echo.»

Unterschiedliche Freunde zeigen einem unterschiedliche Seiten der eigenen Person. Mit dem einen Freund kann ich bestens Witze machen, und mit dem anderen kann ich mir nächtelang Geschichten erzählen. Mit dem nächsten fahre ich Inline-Skates, und mit wieder anderen spiele ich Karten. Alle meine Freunde sind anders, und wenn wir uns bei mir treffen, dann passen sie oft überhaupt nicht zusammen. Annes Tagebuch kann zwar nur wie Anne sein und nur das spiegeln, was sie sowieso schon weiß. Als Trost kann es ihr aber dennoch dienen! Denn manchmal reicht es schon, wenn einem einer oder etwas zuhört.

Mit Aristoteles die Freunde testen

Wann der Freund ein Freund ist und ob das Leben ohne Freunde nicht viel angenehmer wäre, darüber hatte der griechische Philosoph Aristoteles ganz klare Vorstellungen. Er war überzeugt, dass man auf keinen Fall das Leben als Einsiedler vorziehen könne und Freunde sogar lebensnotwendig seien. Alle, ob reich oder arm, jung oder alt, brauchen Freunde. Sie können einen vor Fehlern bewahren, einen stärken und cleverer machen und im Alter behilflich sein, meint Aristoteles. Ganz ähnlich wie die Zeitschriften *Bravo*, *Wendy* oder *Young Miss* gibt Aristoteles handfeste Tipps, wie man Freunde erkennt oder sich ihrer guten Gewissens entledigen kann:

Will dein Freund dein Bestes?

Eine Freundschaft ist dann gut, sagt Aristoteles, wenn jeder der Freunde dem anderen Gutes wünscht, und zwar nicht damit es ihm selbst, sondern damit es dem anderen gut geht.

Ist dein Freund ein guter Mensch?

Wäre deine Freundin noch deine Freundin, wenn sie im Supermarkt immer Süßigkeiten klaute oder wenn sie Klassenkameraden betrügen würde? Freundschaft kann es nur unter guten und freundlichen Menschen geben, denn nur jene, die alles daransetzen, dass sie und andere glücklich sind, können auch dem Freund Gutes wünschen.

Ist dein Freund nützlich, angenehm oder gut?

Freundschaften können nützlich, angenehm und auch gut sein, meinte Aristoteles. Ein nützlicher Freund ist zum Beispiel einer, mit dem du dich immer zum Tennis verabredest, mit dem du aber sonst nichts unternimmst. Die Freundschaft ist nützlich für euch beide, denn zum Tennis braucht man einen Partner. Gibt es einen bestimmten Freund, mit dem du gern Zeit verbringst und zum Beispiel ins Kino gehst, dann beruht die Freundschaft darauf, gemeinsam Spaß zu haben. Wahrscheinlich würdest du mit diesem Freund nicht alle Geheimnisse tei-

Berühmte Leute

Bei ihm hat alles seine Ordnung

Er wurde vor fast 2400 Jahren in Mazedonien geboren und war einer der Lehrer Alexander des Großen, der sich mit Eroberungszügen und blutigen Metzeleien ein Weltreich eroberte. **Aristoteles** unterteilte die Welt außerhalb des Menschen in drei Bereiche: Tiere, Pflanzen und Mineralien. Seine Lieblingsbeschäftigung bestand darin, die Dinge ganz genau anzuschauen und einzuordnen. Dabei stellte er fest, dass alles, was es auf der Erde gibt, eine Ursache hat, eine Eiche zum Beispiel hat eine Eichel als Ursache. Aristoteles, der übrigens immer im Gehen unterrichtete, irrte sich aber auch ganz gewaltig: Aus seiner Sicht, war die Ursache für die Frau der Mann. Frauen seien «unfertige Männer», eben nur Bürgerinnen zweiter Klasse, ohne Rechte.

> **Nachgefragt**
>
> **Was schreibe ich bloß ins Poesiealbum?**
>
> «In allen vier Ecken, soll Freundschaft drin stecken!» Das kennt nun wirklich jeder. Aber wie wäre es mal mit diesem Gedicht von Liselotte Rauner:
> *Hast du manchmal schon am Morgen*
> *Ängste, Kummer oder Sorgen,*
> *frag bei deinen Freunden an,*
> *ob dir einer helfen kann.*
> *Denn ein Freund teilt auch die Sorgen,*
> *ist bereit dir Mut zu borgen,*
> *und verlässt ihn mal das Glück,*
> *dann gib ihm den Mut zurück!*

len, aber trotzdem ist es angenehm, mit ihm zusammen zu sein. Ein guter Freund ist laut Aristoteles ein Freund für alle Lebenslagen.

Ist dein Freund ehrlich zu dir?

Offenheit und Ehrlichkeit sind Voraussetzungen für eine Freundschaft. Wenn in der Tennisfreundschaft beide wissen, dass sie nur Freunde sind, weil sie gern zusammen Tennis spielen, ist die Freundschaft im Gleichgewicht. Wenn aber der eine dem anderen etwas vormacht, also beispielsweise vorgibt, er verabrede sich mit dem anderen, weil der so einer toller Typ sei, es ihm aber nur um Tennis geht, dann ist die Freundschaft im Ungleichgewicht. Beide sollten wissen, warum sie befreundet sind.

Wie viele Freunde braucht man?

Mindestens eine(n). Aber eigentlich mehr als eine(n). Freunde helfen uns dabei, uns besser zu erkennen und unsere Vorlieben, Stärken und Schwächen herauszufinden. Daher sind unsere Freunde meist sehr verschieden untereinander und passen trotzdem alle sehr gut zu uns.

Wie kann man Freundschaften pflegen?

Indem man mit den Freunden viel spricht und sich gegenseitig viel voneinander erzählt. Auch beim Philosophieren kann man sich gut anfreunden. Besonderen Spaß machen Gespräche bei einem gemeinsamen Essen, sei es auf einer Party, in der Klasse oder auch nur mal so.

Wann kann man guten Gewissens eine Freundschaft beenden?

Wenn der eine dem anderen etwas vorgemacht hat, die Freundschaft also im Ungleichgewicht ist. Oder wenn der Freund zum Dieb wird. Oder wenn der Freund nicht mehr Fußball spielt, die Freundschaft aber auf dem gemeinsamen Sport beruhte, sagt Aristoteles.

Setzt euch doch einmal mit Freunden oder eurer Familie (inklusive Oma und Opa) zusammen und geht die Fragen durch. Es macht Spaß, die eigenen Freundschaften zu prüfen, und es führt zu verblüffenden Ergebnissen, wenn man diesen Freundschafts-Check-up im Abstand von einem halben Jahr, einem Jahr oder zwei Jahren noch einmal macht. Mit Aristoteles' Checkliste könntet ihr auch klären, ob ein Hund oder ein Pferd der beste Freund sein kann und ob Diddlmäuse, Teddys, Bäume oder Steine sich als Freunde eignen.

Was ist eigentlich Willenskraft?

Kekse, ich will Kekse!

Kröte hatte wieder einmal Kekse gebacken, ihre und Froschs Lieblingskekse. Kaum hatte sie Frosch zu Kaffee und Keksen eingeladen, saßen die beiden beisammen und aßen nicht nur einen, zwei oder drei, sondern zehn und mehr Kekse. Immer wieder erinnerte Frosch seine Freundin daran, dass sie doch lieber aufhören sollten, andernfalls bekämen sie schlimme Bauchschmerzen. Doch Kröte, die im Keksrausch schwelgte, murmelte mit dem Mund voller Krümel: «Nur noch diesen einen, den letzten, dann ist bestimmt Schluss.» Aber weder sie noch Frosch hörten auf. Schließlich hatte Frosch eine Idee: «Wir brauchen Willenskraft!» Kröte stutzte: «Was ist Willenskraft?» – «Willenskraft bedeutet», so erklärte der kluge Frosch, «dass du dich anstrengen musst, etwas nicht zu tun, was du eigentlich gern tun würdest.» – «Heißt das, dass wir nicht alle Kekse essen dürfen?», fragte Kröte. «Genau das», sagte Frosch.

Die beiden begannen hart an ihrer Willenskraft zu arbeiten

und verpackten die Kekse zunächst in einer Schachtel. Schnell merkten sie, dass man diese ja auch wieder öffnen kann. Daher verschnürten sie die Schachtel und stellten sie auf einen Schrank, der nur mit einer Leiter zu erreichen war. Doch immer wieder fanden sie Einwände und Wege, um an die Kekse heranzukommen. Da hatte Frosch wieder eine Idee: Er nahm die Kekse und verschenkte sie an die Vögel. Als Kröte das sah, wurde sie traurig. «Alle weg», jammerte sie. Frosch nickte. «Aber wir wissen jetzt, dass wir Willenskraft haben.» – «Behalte deine Willenskraft», murrte Kröte. «Ich gehe nach Hause und backe neue Kekse.»

So wie Frosch und Kröte geht es mir auch oft. Ich sitze gemütlich in meinem Zimmer und esse etwas Leckeres, da wird mir plötzlich klar: Du solltest lieber aufhören. Viele kennen das vom Fernsehen oder von Computerspielen. Man sieht die zweite Sendung oder spielt das dritte Spiel, obwohl man schon lange aufhören wollte. So geht es uns allen. Wir denken: «Sei vernünftig, mach jetzt Schluss!» Aber etwas in uns sagt: «Ich will nicht aufhören!» Und prompt machen wir weiter. «Ist ja schließlich meine Sache», bestärken wir uns dann, «ich kann tun, was ich will!»

> ### Experimente
>
> #### Die tanzende Münze
>
>
>
> Forscher der Universität Oldenburg haben sich ein kleines Experiment ausgedacht, mit dem du viele Freunde davon überzeugen kannst, dass du eine ungeheure, ja fast magische Willenskraft besitzt: Du brauchst dafür nur eine leere Flasche und ein Geldstück. Stelle die Flasche zuerst einige Zeit kalt. Dann legst du die Münze angefeuchtet oben auf die Öffnung. Der Deckel der Flasche muss natürlich abgeschraubt sein. Wenn du nun mit beiden Händen die Flasche fest umschließt und dadurch die Luft im Innern erwärmst, wird die Münze von Zeit zu Zeit nach oben ploppen. Machst du dazu noch ein sehr konzentriertes Gesicht, könnte man glatt glauben, dass du dies allein durch die Kraft deines Willens geschehen lässt.

Wieso nur wollen wir Dinge, die wir gar nicht wollen?

Am einfachsten scheint es doch zu sein, immer das zu tun, was man gerade will. Möchte ich leckere Schokolade im Mund zergehen lassen, ist das der Grund, warum ich den Keks esse. Möchte

> ### Experimente
>
>
>
> **Wo ein Wille ist, ist auch ein Weg**
>
> Willenskraft drückt sich unter anderem darin aus, dass man sich Ziele setzt und diese erreicht. Das kann man üben: Pro Tag suchst du dir ein Ziel aus, zum Beispiel eine Seite in deinem neuen Abenteuerroman zu lesen. Schreib diese Sache auf einen Zettel und nimm dir vor, sie innerhalb eines Tages zu erledigen. Das heißt nicht, dass man abends nicht ins Bett gehen sollte, bevor man es geschafft hat! Mit der Zeit lernst du immer besser einzuschätzen, welche Ziele du innerhalb eines Tages erreichen kannst. Der Lohn ist das prima Gefühl des Erfolgs, das erreicht zu haben, was du willst. Viel Spaß – und schraub deine Ziele nicht zu hoch!

ich aber meiner Großmutter Schokoladenkekse zum Geburtstag schenken, ist das der Grund, warum ich die Kekse nicht esse! Aber was mache ich, wenn ich beides will? Wie soll ich es schaffen, die Kekse aufzuheben, wenn ich sie gleichzeitig essen will?

Ich wünschte, es gäbe so etwas wie ein «Willenskraftcenter», wo man Willenskraft genauso trainieren könnte wie einen Muskel!

Ob man den Werbeprospekt des Judovereins liest oder die Rede des Schuldirektors hört, alle wollen sie, dass man seine Willenskraft stärkt und weniger an sich zweifelt, damit man tatkräftig die täglichen Aufgaben anpackt: das Bett macht, wenn man gerade aufgestanden ist, die Vokabeln am Nachmittag lernt oder um sechs Uhr morgens aufsteht, wenn man um sieben zum Fußballturnier losfahren muss.

Es wäre schön einfach, wie die Tiere zu leben. Bei denen geht alles ganz automatisch, ein Hund muss sich nicht entscheiden, ob er Gassi gehen will oder nicht, eine Blume steckt sich nicht das Ziel: Heute werde ich zweimal meine Blütenblätter öffnen; sie tut es, je nachdem, wie das Wetter ist. Aber wir sind nun mal keine Pflanzen oder Tiere!

Wir sollten, glaube ich, genauer untersuchen, was das ist, der Wille. Vielleicht verstehen wir dann besser, warum es sich manchmal so anfühlt, als wenn Gott und der Teufel in uns Fußball spielen.

Rechte Seite:
Porträt von Martin Luther um 1529

Der Wille, ein Schwerstarbeiter unter den Begriffen

Ständig benutzen wir das Wort «wollen»: «Ich will in Zukunft mehr Vokabeln üben.» – «Ich will jetzt Computer spielen.» – «O Verzeihung, das wollte ich nicht!» – «Ich will Kekse essen.» – «Ich will mit dem Naschen aufhören.»

Bedeutet «wollen» in all diesen Fällen eigentlich das Gleiche? Ich könnte ebenso gut sagen: «Ich habe *Lust*, noch mehr Kekse zu essen.» Aber würde ich auch sagen:

Berühmte Leute

Liberos gibt es nicht nur beim Fußball!

Ein berühmtes Streitgespräch über den Willen des Menschen führten der deutsche Theologe **Martin Luther** und der holländische Philosoph **Erasmus von Rotterdam**. Erasmus schrieb 1524 ein Buch mit dem Titel *De Libero Arbitrio*, das «vom freien Willen» des Menschen gegenüber Gott handelte. Luther war vollkommen anderer Meinung und widersprach ihm mit einem Buch «vom dienenden Willen» des Menschen gegenüber Gott. Erasmus und Luther stritten sich ziemlich heftig, allerdings taten sie dies nicht von Angesicht zu Angesicht, sondern schrieben sich Briefe. Luther war bekannt für seine deftigen Sprüche und beschimpfte Erasmus, er rede, als wenn er «Kehricht oder Kot in goldenen oder silbernen Schüsseln auftrüge». Diese Briefe wurden in der Öffentlichkeit vorgetragen. Erasmus meinte, dass der Mensch einen freien Willen habe und damit die Wahl, göttliche Gebote anzuerkennen und danach zu leben. Da er diese Wahl habe, trage er auch die Verantwortung für sein gutes oder böses Tun. Luther entgegnete, dass der Mensch mal von Gott und mal vom Teufel geritten werde.

> **Berühmte Leute**
>
> **Ich kann nichts dafür … oder doch?**
>
> Im Jahr 354 nach Christus wurde in der römischen Provinz Numidien, im heutigen Afrika, ein Junge namens Aurelius **Augustinus** geboren. Als Augustinus ein junger Mann war, zog er nach Rom. Zu seiner Zeit glaubte man, dass das Böse eine Macht sei, die den Menschen dazu verführe, alle möglichen schlimmen Dinge zu tun. Augustinus leuchtete das nicht ein. Er nahm seinen ganzen Mut und seine Willenskraft zusammen (damals bedeutete das Wort Mut übrigens fast das Gleiche wie Willenskraft) und behauptete öffentlich das Gegenteil: Wir sind für unser Handeln verantwortlich, nicht Gott und nicht irgendein böser Zauberer. Es ist nicht so, dass wir von Natur aus schlecht sind oder Gott uns so geschaffen hat. Dann könnten wir ja nichts dafür. Nein, wenn wir schlecht sind, dann deshalb, weil wir uns entscheiden, etwas Falsches zu tun. Es ist unsere freie Entscheidung, unser freier Wille, meint Augustinus.

«Ich habe Lust, mit dem Naschen aufzuhören»? Da passt schon eher: «Ich habe mir *überlegt*, dass ich mit dem Naschen aufhören sollte.» Komisch klingt dagegen: «Ich habe mir überlegt, dass ich noch mehr Kekse essen sollte.» Es scheint, dass Wille nicht gleich Wille ist. Manchmal hat Wille etwas mit Lust, mit Appetit und anderen Gefühlen zu tun und manchmal eher mit Überlegungen, mit dem Verstand. Wenn ich vor einer Klassenarbeit am liebsten weglaufen will, dann treibt mich ein Gefühl der Angst. Wenn ich andererseits doch hingehen will, treibt mich eher die Vernunft.

Mindestens dreimal am Tag sagen oder denken wir: Das wollte ich nicht! Es ist einfach so passiert, ohne Absicht.

Letzte Woche hat ein Mädchen den Ball ins Fenster des Nachbarn geschossen, und es ging die ganze Zeit nur um eine Frage: Hat sie es mit Absicht getan oder nicht? War es ihr Wille, dann war das böswillig, und sie muss bestraft werden. Oder ist es unwillentlich geschehen? Dann muss sie nur die Fensterscheibe ersetzen und das nächste Mal besser aufpassen.

Aber noch einmal zurück zu den Keksen. Warum will ich denn nun Kekse essen bis zum Umfallen, obwohl ich weiß, dass mir davon schlecht wird? Kann ich selbst etwas dafür, wenn ich es trotzdem tue? Da gäbe es aus meiner Sicht zwei Möglichkeiten.

Erstens: Wir werden von außen dazu gezwungen oder verleitet! Dann spielen Gott und der Teufel Fußball mit unserem Willen, und es stimmt der Satz: *Ich* weiß auch nicht, was mich dazu getrieben hat, den Ball in Nachbars Fenster zu schießen oder wie Frosch und Kröte Kekse zu essen, bis mir schlecht wird!

Zweitens: Unser Wille ist wirklich *unser* Wille. Damit wir danach handeln können, müssen wir uns Gedanken machen und herausfinden, was wir eigentlich wollen. Dabei irren wir uns manchmal, und so kommt es, dass uns Kekseessen als das Beste überhaupt erscheint und wir alles daransetzen, dies zu erreichen. Doch irgendwann gelangen wir an eine Grenze, genau wie Frosch. Wir wägen die Argumente dafür und dagegen nochmal ab und wollen nun etwas Neues, nämlich keine Kekse mehr essen!

Mitunter ist es jedoch gar nicht leicht, zu entscheiden, welcher Wille in uns der richtige, der bessere ist. Auch wenn ich all meine Willenskraft darauf verwende, Fußballspieler zu werden, will ich dennoch Spaß haben, und Spaß zu haben und jeden Samstagmorgen um fünf Uhr aufzustehen widerspricht sich eben.

«Dann heißt das ja, dass ich eigentlich doch das will, von dem ich glaube, dass ich es doch eigentlich gar nicht will.» – «Wahrscheinlich.»

Warum haben zwei nicht das gleiche Recht?

Wie du mir, so ich dir

Ein Mädchen hatte Geburtstag. Von ihren Gästen bekam sie viele Geschenke, darunter zwölf Bücher. Ihr Vater meinte, dass dies zu viele seien, und schenkte die Hälfte den Nachbarskindern, die zufällig vorbeikamen. Drei Wochen später ging der Vater in seine Bibliothek, um etwas in seinem zwölf Bände umfassenden Lexikon nachzuschauen. Aber wie wunderte er sich, es fehlte fast die Hälfte aller Bände! Was war geschehen?

Als der Vater schließlich die Familie befragte, erzählte die Tochter von einem Hausierer, der zufällig vor der Tür stand und um eine milde Gabe bat. Ihm hatte sie die sechs Bände gegeben. Warum hat das Mädchen die Bücher verschenkt? Hatte sie ein Recht dazu?

Die Geschichte von dem Mädchen und ihrem Vater von James Thurber enthält eine Regel, die du bestimmt kennst, denn Eltern beten sie gern ihren Kindern vor: «Wenn du nicht willst, dass dir jemand deine Schaufel wegnimmt, dann darfst du es selber auch nicht tun!» Sind die Kinder dann älter, heißt es: «Wenn du auf dem Schulhof immer die anderen schubst, dann musst du dich nicht wundern, wenn die anderen dich immer schubsen.» Dieses Prinzip, das man die goldene Regel nennt, soll das Miteinander der Menschen erleichtern. Es steht bei Konfuzius, einem chinesischen Gelehrten, aber auch in der Bibel und in der Thora. Viele Religionen lehren: Was du nicht willst, dass man dir tu, das füg auch keinem anderen zu!

Nach der goldenen Regel war es doch wohl völlig in Ordnung, dass das Töchterchen, das nicht wünschte, dass der Vater seine Bücher verschenkt, dafür die Bücher des Vaters verschenkte. Hätte der Vater doch bloß die goldene Regel gekannt, dann müsste er sich nun kein neues Lexikon kaufen. Aber wie kommt es, dass wir ein so komisches Gefühl bei der Sache haben? Ist die goldene Regel die Lösung für alle Situationen, in denen wir uns fragen: «Was soll ich bloß tun?»

Haben alle Menschen die gleichen Wünsche?

So gut sich die goldene Regel auch anhört, sie hat wie die meisten Dinge im Leben auch eine nicht so gute Seite. In der goldenen Regel wird so getan, als hätten alle Menschen immer die gleichen Wünsche und Ziele, aber ist das auch so? Vielleicht möchtest du mit dem Spielzeug deiner Freundin spielen. Aber möchte sie das auch? Möchtest du immer alle Bonbons mit deinen Freunden teilen? Oder möchtest du dein Haus mit allen Menschen teilen, die gern darin wohnen würden?

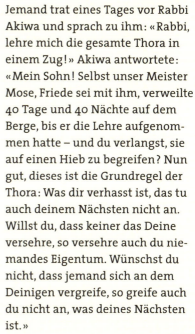

Nachgefragt
Die gesamte Thora in einem Zug?

Jemand trat eines Tages vor Rabbi Akiwa und sprach zu ihm: «Rabbi, lehre mich die gesamte Thora in einem Zug!» Akiwa antwortete: «Mein Sohn! Selbst unser Meister Mose, Friede sei mit ihm, verweilte 40 Tage und 40 Nächte auf dem Berge, bis er die Lehre aufgenommen hatte – und du verlangst, sie auf einen Hieb zu begreifen? Nun gut, dieses ist die Grundregel der Thora: Was dir verhasst ist, das tu auch deinem Nächsten nicht an. Willst du, dass keiner das Deine versehre, so versehre auch du niemandes Eigentum. Wünschst du nicht, dass jemand sich an dem Deinigen vergreife, so greife auch du nicht an, was deines Nächsten ist.»
Thora ist die jüdische Bezeichnung für die fünf Bücher Mose. Zusammen mit dem Talmud, in dem sich diese Geschichte findet, bildet sie das Religionsgesetz der Juden.

Die Lösung für dieses Problem mag sein, dass die Wünsche des einen und die des anderen gleichermaßen beachtet werden müssen. Aber was passiert, wenn beide Wünsche sich widersprechen? Mutter: «Ich wünsche, dass dein Zimmer aufgeräumt wird.» Sohn: «Ich möchte jetzt Kassette hören.» – «Ja, das kenne ich auch!», wirst du jetzt sagen. «Gerade bin ich beim schönsten Spiel und habe mir ausgesucht, was ich gern machen möchte, dann

Eine Wunschfee, bei der man drei Wünsche frei hätte – das wäre manchmal sehr praktisch

kommt meine Mutter oder mein Vater und bestimmt, was ich machen soll. Das ist wirklich ungerecht.»

«Eltern haben eben mehr Rechte als Kinder», wird deine Mutter möglicherweise antworten, «denn sie wissen besser als die Kinder, was gut für sie ist und was nicht. Schon allein, weil sie mehr Erfahrungen haben!» – «Das mag ja stimmen. Aber wenn ich nicht – zumindest manchmal – selbst ausprobieren kann, was gut und was schlecht für mich ist, dann werde ich doch immer von jemandem abhängig sein, der mir sagt, was ich tun und lassen soll», könntest du jetzt erwidern. «Außerdem muss ich herausfinden, was gut für *mich* ist. Das kann etwas ganz anderes sein als das, was gut für meine Mutter oder meinen Vater war und ist.»

«Genau», stimmt meine Freundin zu, «immer wenn ich nach der Schule nach Hause komme, dann möchte ich gern in mein Zimmer gehen und in Ruhe spielen oder lesen und erst später Hausaufgaben machen. Meine Schwester ist da ganz anders, sie will immer zuerst Hausaufgaben machen. Meine Mutter möchte, dass wir beide zuerst Hausaufgaben machen oder zuerst spielen, damit wir uns nicht stören. Dabei kann man doch gar nicht sagen, was zuerst richtiger wäre.»

Karlsson und Lillebror – ein komisches Duo

Es gibt Leute, die immer ihre Wünsche und ihren Willen durchsetzen wollen und sich überhaupt nicht um die Wünsche der anderen scheren. Zum Beispiel gibt es da «Karlsson vom Dach» aus der Geschichte von Astrid Lindgren.

Der achtjährige Lillebror lebt mit seinen Eltern, seiner Schwester Betty und seinem Bruder Birger in einer ganz normalen Wohnung einer schwedischen Großstadt. Eines Tages lernt Lillebror Karlsson auf dem Dach kennen. Karlsson ist ein alter Junge oder ein junger alter Mann – das weiß keiner so genau. Mit Hilfe eines motorbetriebenen Propellers, den er auf Knopfdruck bedienen kann, besitzt er die Fähigkeit zu fliegen. Er wohnt in einem kleinen Haus auf dem Dach, daher auch sein Name. Ansonsten besitzt Karlsson typisch menschliche Eigenschaften: Er ist ein Angeber, launisch, mitunter sogar boshaft und immer zu Streichen aufgelegt. Zwischen ihm und Lillebror entwickelt sich eine ungewöhnliche Freundschaft. Karlsson ist es egal, was Lillebror möchte oder nicht möchte. Wenn Karlsson alle Süßigkeiten aus dem Schrank vernaschen will, kümmert er sich nicht darum, dass Lillebror oder seine Eltern dies vielleicht verboten haben. Er setzt alle Tricks ein, um an die Süßigkeiten zu kommen.

Nun könntest du natürlich sagen: «Aber Lillebror müsste doch mit Karlsson nur das Gleiche machen wie er mit Lillebror, so wie es die Tochter mit ihrem Vater gemacht hat, der ihre Bücher verschenkt hatte. Karlsson würde bestimmt schnell damit aufhören.»

Bist du ganz sicher? Es gibt Leute, denen sind die Wünsche anderer wirklich ganz egal. Vielleicht würde es auch Karlsson gar nichts ausmachen, wenn Lillebror seine Süßigkeiten essen würde, sofern er gerade selbst keinen Appetit darauf hat.

Berühmte Leute

Es gibt nichts Gutes, außer man tut es!

So dichtete Erich Kästner. Da hätte ihm wahrscheinlich der englische Philosoph **Jeremias Bentham** zugestimmt, der mehr als 150 Jahre vor Kästner, 1748, in London geboren wurde. Bentham machte sich viele Gedanken über die Frage, wie der Mensch handeln solle, und er kam zu der Antwort: «Tu das, was das größtmögliche Glück so oft wie möglich hervorbringt.» Man soll also gute Dinge fördern, zum Beispiel Wohlstand, Gesundheit, Schönheit und Einsicht, die dem Einzelnen und der Gemeinschaft nützlich sind. Man nennt diese Theorie auch *Utilitarismus*, das kommt vom lateinischen Wort *utilitas* und heißt übersetzt «Nutzen».

Berühmte Leute

Er philosophiert schon mit Dreijährigen

Wenn es um das Philosophieren mit Kindern geht, ist er der bedeutendste Philosoph. **Gareth B. Matthews** spricht nicht nur zahlreiche Sprachen, darunter fließend Deutsch, sondern kennt sich in guten, spannenden Kinderbüchern aus wie kein anderer. Wenn du mal einen Tipp beim Philosophieren brauchst: Er hat eine eigene Homepage: www.philosophyforkids.com, über die du mit ihm direkt Kontakt aufnehmen kannst – auch auf Deutsch.

Die goldene Regel wäre eine gute Regel, wenn …

… ja, wenn sie jeder befolgte. Das lässt der amerikanische Philosoph Gary Matthews in einer Geschichte den Jungen Angus sagen. «Aber nicht jeder tut das», antwortet ihm prompt sein Freund Fred. «Tatsächlich tun dies die wenigsten.» – «Ich weiß», sagt Angus. «Das Äußerste, was sich fordern lässt, ist: Tu, was du kannst, um dich und andere dazu zu bringen, die goldene Regel zu befolgen.»

Kann man in der Zeit reisen?

Eine ungewöhnliche Bibliothek

Es gab einmal, noch vor den Höhlenmenschen, vor den Mammuts und Dinosauriern, auf dieser Erde äußerst zivilisierte Wesen. Sie waren viel zivilisierter als wir und wussten alles darüber, was schon geschehen war und was noch geschehen würde, in einer Minute, in einem Jahr oder in einem Jahrtausend. Sie wussten, wann es regnen und wer den Großen Preis von Italien gewinnen würde, wann Baby Pinuccia Hunger haben und was es essen würde. Sicher, sie hatten das nicht immer im Kopf: Auch ihnen konnte es passieren, dass sie etwas vergaßen oder nicht mehr daran dachten. Manchmal waren sie überrascht, wenn es regnete oder Baby Pinuccia Hunger hatte, dann aber setzten sie sich an den Tisch und führten zwei Rechnungen aus und verstanden, dass alles in Ordnung war. Wie es stand, musste es regnen, und Baby Pinuccia musste hungrig sein.

Eines schönen Tages entschied eine bedeutende Persönlichkeit, es müsse jetzt mit diesen Überraschungen ein Ende haben. Wenn man alles im Voraus wissen konnte, wenn es reichte, zwei Berechnungen auszuführen, um zu wissen, was sich ereignen würde, konnte man diese Rechnungen ebenso gut ein für alle Mal ausführen. So ließ denn diese Person eine große Bibliothek einrichten, warb ein Heer von Mathematikern an und setzte sich mit ihnen an die Arbeit. Sie begannen mit dem Tag X und deckten alles auf, was an jenem Tag geschehen würde, sie schrieben es in ein großes Buch und stellten das Buch in ein Regal der Bibliothek. Dann gingen sie weiter zum nächsten Tag und so fort, ein Buch für jeden Tag, ein Regal für jeden Monat und eine Wand für jedes Jahr.

Hättest du gern zu dieser Zeit gelebt, als man alles, aber auch alles vorhersehen konnte? «Also, ich fände das richtig praktisch», hat letztens ein Mädchen zu mir gesagt. «Ich stelle mir gerade vor, wie toll das wäre, wenn alles, was war, und alles, was sein wird, aufbewahrt wäre. Das ginge aber nur, wenn Zukunft und Vergangenheit auch jetzt irgendwo vorhanden sind. Ich könnte also schnell mal in die letzte Woche zurückgehen und mir die Erklärung in der Mathestunde nochmal anhören. Oder ich könnte zum Geburtstag meines Opas zurückreisen und immer wieder meinen Lieblingskuchen essen. Klasse.»

Damals hatte ihre Freundin erwidert, dass sie eine solche Bibliothek überhaupt nicht gut fände: «Stell dir doch mal vor, wir wären zur Geburtstagsparty bei unseren Freunden eingeladen. Stunden verbringen wir damit, uns schick anzuziehen. Gespannt freuen wir uns auf den Abend. Und nun sagst du, man brauchte nur in ein Buch zu schauen, um zu erfahren, was an diesem Abend passieren wird? Ich glaube, dann macht es keinen Spaß mehr. Da ist doch keine Spannung mehr drin. Ich weiß, wann ich mit wem spreche, wann ich was esse, dass ich den Jungen, den ich so gern treffen würde, heute Abend nicht treffe. Da hätte ich mir doch gar nicht so viel Mühe mit den Vorbereitungen geben müssen.» – «Also ich», entgegnete ihr damals ein Junge, «ich glaube, man sollte vielleicht erst einmal fragen, was Zeit überhaupt ist, denn davon hängt ab, ob es eine solche Bibliothek überhaupt geben könnte.»

Wie lange dauern 30 Minuten in Togo?

Zeit, meinen viele, ist etwas, was uns ständig im Nacken sitzt. Sie scheint immer irgendwie knapp zu sein – ob man nun in Togo, den USA oder in Deutschland lebt. Schon im Kindergarten fängt es an, und später dann in der Schule ist es erst recht so. Auch von zu Hause kennt das jedes Kind: Der Vater steht da in Hut und Mantel und sagt immer: «Hopp, hopp, ein wenig schneller, die anderen warten doch schon!»

«Genau, kaum spielt man in Ruhe mit ein paar Freunden in einer Ecke, da heißt es: ‹Anziehen, wir haben heute keine Zeit zum Trödeln!› – Ich finde, dass die Zeit manchmal einfach zu schnell vergeht und manchmal einfach zu langsam, wie zum Beispiel, wenn Tante Gerda kommt und ich ruhig am Tisch sitzen und ‹anständig› den klebrigen Bienenstich essen muss und mich dabei langweile.»

Woran liegt es bloß, dass Zeit mal langsam und mal schnell vergeht? Ist das überall so? Oder vergeht die Zeit in Brasilien langsamer als hier? Und ticken die Uhren in Togo vielleicht

Wer kann das?

- Wie lange darf man in Brasilien zu spät zum Geburtstag des Freundes kommen?
(2 Stunden)
- Wie lange braucht ein Haussa-Junge in Nigeria, um einen guten Freund zu begrüßen?
(20 Minuten)
- Welche Uhrzeit meint jemand, der in Burundi in Afrika sagt: 1. «wenn die Kühe auf die Weide gehen», 2. «wenn die Kühe am Fluss trinken gehen» und 3. «wenn die jungen Kühe hinausgehen»?
(1. morgens, 2. mittags, 3. abends)
- Was meinst du, wo unterhält man sich beim Kauf einer Briefmarke mit der Person am Schalter am längsten: in den USA, in Schweden oder in Deutschland?
(USA)
- Wo gehen die Menschen am schnellsten: in der Schweiz, in China oder in Irland?
(Irland)
- Und wo gehen die Uhren am genauesten: in der Schweiz, in Kanada oder in Italien?
(Schweiz)

schneller? Kann man Zeit verschenken? Oder womöglich – wie in dem Buch «Momo» von Michael Ende – stehlen oder sie abwaschen?

Kann man Zeit abwaschen?

Der Frage, ob Zeit ein Ding ist, das man ansehen, anfassen, abwaschen oder gar verschenken kann, ist auch der griechische Mathematiker und Philosoph Zenon nachgegangen, der von 495 bis 445 vor Christus lebte. Zenon meinte ganz entschieden, dass es Zeit nicht wirklich gebe. Und was es nicht gibt, kann man nicht abwaschen.

Zeit, so Zenon, ist die Veränderung einer Sache. Nimm einfach mal dein Frühstücksei: Du klopfst mit deinem Löffel auf die Schale, bis sie bröckelt, dann entfernst du mit deinen Fingern die Schale, schüttest ein wenig Salz über das Ei und hebst mit deinem Löffel den oberen Teil des Eis ab. Bis du das Ei verspeist hast, brauchst du insgesamt rund fünf Minuten.

Die vergangene Zeit siehst du nicht, wohl aber die Veränderung an dir (Eigelb an deinem T-Shirt) und dem Ei (leere, kaputte Eierschale). Demnach wäre Zeit nichts anderes als die Veränderung von Eigenschaften. «Ist das schon alles?», wirst du vielleicht kritisch fragen. «Aber wie erklärt sich, warum einem diese Veränderung von Eigenschaften beim Spielen kurz und beim Warten lang vorkommt?»

Mal läuft sie gerade – mal läuft sie rund

Die Zeit kann nicht nur unterschiedlich schnell vergehen, sie scheint auch unterschiedliche Formen anzunehmen. Auf der einen Seite kann man Zeit als Linie, als eine Art Zeitstrahl darstellen. Wie auf einem Lineal verteilen sich Gegenwart, Vergangenheit und Zukunft. Diese Vorstellung von der Zeit nennt man, wegen des Lineals und der Linie, lineare Zeit. Verbunden damit ist der Gedanke an ein Ende und daran, dass die Dinge in der Zeit unwiederbringlich vergehen. Man steigt eben nie zweimal in den gleichen Fluss!

Auf der anderen Seite erleben wir auch Zeit, die rund wie ein Kreis verläuft. Manche Dinge kehren immer wieder. Schau dir mal den Kreislauf des Wassers an: Regenwasser fällt auf die Erde, es verdunstet, steigt auf und fällt wieder als Regen herab, ohne Anfang und Ende und ohne dass Wasser verloren geht. Darauf kann man sich verlassen, genauso wie darauf, dass auf den Tag die Nacht folgt und auf die Nacht der Tag. Es ist ein unendlicher Kreislauf, ein Zyklus. Daher nennen wir diese Betrachtungsweise eine zyklische Zeitvorstellung; hier kommt immer alles wieder, nichts bleibt in der Vergangenheit verloren.

«Wenn ich es so recht überlege», wirst du möglicherweise anmerken, «habe ich manchmal eine lineare und manchmal eine zyklische Zeitvorstellung. Wenn ich morgens um acht Uhr in der Schule sitze und ständig auf die Uhr sehe, weil ich auf das Ende der Mathestunde um 8.45 Uhr warte, dann habe ich das Bild von einem Lineal im Kopf; wenn ich an Weihnachten denke, dann das eines

Zahlen & Rekorde

Das schnellste Tier Griechenlands: eine Schildkröte!

Um seine Zuhörer zu überzeugen, verwendet der griechische Denker Zenon gern *Paradoxa*. Das sind scheinbar unsinnige Behauptungen, die der gängigen Erfahrung widersprechen, die aber sehr wohl begründet sind. Das bekannteste Paradoxon von Zenon ist das von Achilles und der Schildkröte: Achilles, der schnellste Läufer Griechenlands, läuft doppelt so schnell wie eine Schildkröte. Die beiden wollen einen Wettlauf machen; dafür bekommt die Schildkröte einen Vorsprung von einem Meter. Zenon behauptet nun, dass Achilles die langsame Schildkröte nie einholen kann. Denn wenn er den Vorsprung von einem Meter eingeholt hat, ist die Schildkröte bereits einen halben Meter weiter; wenn er dann diese Marke erreicht hat, ist die Schildkröte wiederum einen viertel Meter vor ihm und so weiter. Merkwürdig, nicht wahr, dass man weiß, dass das nicht richtig sein kann, es sich aber trotzdem richtig anhört. Du kannst ja einmal darüber grübeln.

Lineare Zeit

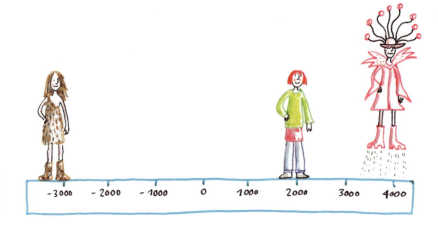

Zyklische Zeit

unendlichen Kreises. Denn Weihnachten kommt immer wieder.»

Egal, welche Zeitvorstellung man hat, man hat immer eine! Ob Zeit wirklich existiert, wissen wir zwar immer noch nicht, aber es scheint, dass wir alles aus dem Blickwinkel der Zeit anschauen. Das hat auch der große deutsche Philosoph Immanuel Kant schon gesagt. Wir sind so programmiert, meinte er, dass wir alles, worüber wir nachdenken, in Zeit und Raum einteilen. Vielleicht ist das der Grund, warum uns das Warten manchmal so lang und das Spielen so kurz erscheint. Beim Spielen vergessen wir uns ganz, wir spielen und spielen, ohne dabei über uns selbst und darüber, wo wir sind, weiter nachzudenken. Wir vergessen die Zeit! Beim Warten machen wir das genaue Gegenteil, wir denken fortwährend an uns und das Warten und wann es zu Ende ist.

Gegenwart, Vergangenheit und Zukunft, Zeit und Zeiten bestimmen unser Denken.

Können eigentlich auch Hunde an morgen oder an gestern denken? Wenn Zenon Recht hätte und Zeit nur in der Veränderung von Eigenschaften bestehen würde, dann könnten Hunde Zeit wahrnehmen: Voller Hundenapf – leerer Hundenapf –, diese Veränderung stellen sie fest. Aber wissen sie auch, dass dies gestern war oder morgen sein wird? Haben Hunde eine zyklische oder eine lineare Vorstellung von der Zeit? Kommt ihnen Warten manchmal lang und manchmal kurz vor? Und gehen Schweizer Hunde schneller als japanische? Misst ihr Gegenwartsfenster auch drei Sekunden? Übrigens: Das langsamste Tier der Erde ist das Faultier. Es ist so langsam und geduldig, dass es wartet, bis ihm die Blätter in den Mund wachsen, heißt es.

Mit Einstein in die Zukunft reisen

Am Anfang habe ich die Frage gestellt, ob du dir vorstellen könntest, in der Zeit zu reisen. Der berühmte Physiker Albert Einstein hat sich genau die gleiche Frage gestellt und sogar ausgerechnet, wie viel Treibstoff eine Zeitraumfähre verbrauchen würde. Einsteins Überlegungen führten zu einem erstaunlichen Ergebnis: Wenn man mit einem Raumschiff nur schnell genug fliegt, so fand er heraus, vergeht die Zeit langsamer als auf der Erde. So gesehen, könnte ein Raumschiff zu einer Zeitmaschine werden.

Nun könntest du sagen: «Ich kann mir

Experimente

Die Gegenwart dauert drei Sekunden

Betrachte den mittleren Würfel: Na, hast du was gemerkt? Nach kurzer Zeit springt der Würfel um. Die Ansichtsfläche kommt einmal von oben (2) und einmal von der Seite (3). Im Durchschnitt verweilt eine Ansicht circa drei Sekunden vor unserem geistigen Auge. Daraus und aus weiteren Versuchen hat man geschlossen, dass sich unser menschliches Gegenwartsfenster alle drei Sekunden neu öffnet. Diese drei Sekunden sind für alle Menschen gleich. Egal, ob in Burundi, China oder Deutschland, nach rund drei Sekunden legt jeder zum Beispiel leichte Pausen beim Reden ein. Einige Leute machen wirklich alle drei Sekunden «ähem». Nach drei Sekunden lassen wir beim Händeschütteln auch meist die Hand des anderen los.

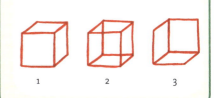

1   2   3

Nachgefragt

Sind Zwillinge gleich alt?

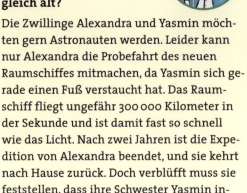

Die Zwillinge Alexandra und Yasmin möchten gern Astronauten werden. Leider kann nur Alexandra die Probefahrt des neuen Raumschiffes mitmachen, da Yasmin sich gerade einen Fuß verstaucht hat. Das Raumschiff fliegt ungefähr 300 000 Kilometer in der Sekunde und ist damit fast so schnell wie das Licht. Nach zwei Jahren ist die Expedition von Alexandra beendet, und sie kehrt nach Hause zurück. Doch verblüfft muss sie feststellen, dass ihre Schwester Yasmin inzwischen 30 Jahre älter geworden ist, sie selber jedoch nur zwei. Wie lässt sich das erklären?

Anfang des 20. Jahrhunderts hat Albert Einstein die «Relativitätstheorie» entwickelt. Sie besagt unter anderem, dass die Zeit bei hohen Geschwindigkeiten langsamer vergeht, als wir es auf der Erde gewohnt sind. Richtig stark ist dieser Effekt nur, kurz bevor man Lichtgeschwindigkeit erreicht. Doch schon bei geringerem Tempo macht er sich etwas bemerkbar. Auch wenn die Menschen keine Raumschiffe bauen können, die mit Lichtgeschwindigkeit fliegen, ließ sich daher überprüfen, ob Einsteins Theorie richtig oder falsch ist. Dazu wurde die genaueste Uhr der Welt, eine Atomuhr, an Bord eines Flugzeuges gebracht. Eine andere Atomuhr blieb am Boden zurück. Das Flugzeug flog von Frankfurt am Main nach Boston in den USA und gleich wieder zurück. Nach der Landung wurden die beiden Atomuhren miteinander verglichen: Die Uhr im Flugzeug ging 28 milliardstel Sekunden nach!

einfach nicht vorstellen, dass Zeitreisen möglich sind. Denn man kann die Zeit nicht vor- und zurückspulen wie eine Kassette. Man kann Zeit nicht aufnehmen. Wie soll man in eine Zukunft reisen, in der man nicht mehr lebt, oder in eine Vergangenheit, in der man noch gar nicht geboren ist? Mich gibt es da doch gar nicht. Wenn ich 1990 geboren bin, kann ich nicht 1972 gelebt haben.» – «Zeitmaschinen gibt es nicht», wird dir möglicherweise ein Freund zustimmen, «die Erde müsste sich sonst rückwärts drehen. Und man müsste auch genau wissen, wie alt die Maschine ist, sonst reist man zurück, und plötzlich ist die Maschine weg.»

Aber könnt ihr wirklich sicher sein, dass es keine Zeitmaschine gibt? Könnte man nicht eine Maschine erfinden, die mich, so wie ich jetzt bin, in eine andere Zeit befördert? Dann wäre ich dort ein Gast aus einer anderen Zeit. Oder vielleicht existiert die Zukunft ja auch bereits, nur ist sie woanders. Ich stelle mir das so vor: Die Erde und die anderen Planeten, unser ganzes Universum befindet sich in einem großen Karton. Daneben gibt es noch andere Kartons mit dem gleichen Inhalt, in denen aber eine andere Zeit herrscht. In einem der Kartons leben die Dinosaurier noch, während sie hier bei uns schon ausgestorben sind und ihre Skelette im Museum herumstehen. Vielleicht ist es mit den Zeitreisen so wie mit dem Telefonieren: Bevor das Telefon erfunden wurde, sagte man auch, es sei unmöglich, über große Entfernungen miteinander zu sprechen. Einer hier und der andere 1000 Kilometer weiter. Vielleicht werden wir eines Tages in der Zeit reisen, wir wissen nur noch nicht genau wie. Was meint ihr?

Was soll das eigentlich mit der Angst?

Der Stier und die Wildziegen

> Der Stier wurde von dem Löwen verfolgt und flüchtete sich in eine Höhle, in der sich Wildziegen befanden. Als diese ihn mit Füßen und Hörnern stießen, sagte der Stier: «All das ertrage ich nicht aus Furcht vor euch, sondern aus Furcht vor dem, der draußen vor der Höhle steht.»

Der arme Stier! Er muss fliehen, denn sein größter Feind, der Löwe, verfolgt ihn. Kannst du dir vorstellen, wie er sich fühlt? Er zittert vor Angst, bangt um sein Leben, flüchtet sich in die nächste Höhle, und dann so etwas: Ziegen! Die ganze Höhle ist voller Ziegen, die ihn mit ihren Hörnern in die Seiten stechen. Was bleibt den Ziegen schon anderes übrig, als sich zu wehren. Mit vereinten Kräften versuchen sie, den Eindringling loszuwerden – das hätte ich auch gemacht. Er ist für sie eine große Gefahr. Ich hätte gebibbert vor Angst, dass der Löwe nun auch auf mich und meine Freunde aufmerksam werden könnte. Schließlich essen Löwen außer Stieren auch gern Ziegen! Da vergisst man als kleine Ziege sogar die Angst vor einem Stier, der die Ziegen eigentlich locker auf die Hörner nehmen und an der Wand zerschmettern könnte.

Und der Stier? Selbst in dieser für alle schwierigen Lage versucht er, sein Gesicht zu wahren, und stellt klar, dass er sich nur vor dem Löwen, keinesfalls aber vor den Ziegen fürchte. Angst vor so kleinen Ziegen zu haben, das passt doch nicht zu einem großen Stier! Stiere haben nur Angst vor größeren Feinden, vor Löwen oder Tigern.

Was wollen die Monster unter meinem Bett?

«Manchmal träume ich, dass ich wie in der Geschichte von dem Stier und den Wildziegen verfolgt werde.» Fast alle Menschen kennen das, und fast alle kennen auch Angst vor Monstern. Ist dir das auch schon mal passiert: Du wachst aus einem Albtraum auf, schaust dich im dunklen Zimmer um und schlotterst noch vor Angst? Schweißgebadet rufst du deine Mutter oder deinen Vater, und alles, was sie zu sagen haben, ist: «Hab keine Angst! Es war alles nur ein Traum. Da ist nichts. Schau einmal genau hin. Geister und Monster gibt es doch gar nicht. Die leben nur in deiner Phantasie!» Obwohl deine Eltern dir das immer wieder sagen, hast du jedes Mal Angst, wenn nachts ein Knackgeräusch zu hören ist. Sogar wenn du selber unter deinem Bett nachgeschaut hast, ob dort auch keine Monster leben, bist du, sobald es dunkel wird, davon überzeugt, dass dort mindestens zwei Monster Karten spielen und nur darauf warten, dass du deinen Fuß aus dem Bett hängen lässt, um dann hineinzubeißen.

Viele haben auch Angst, sich zu blamieren. Zum Beispiel beim Sport: «Angsthase, Angsthase …», sangen einige Kinder hämisch, als ich beim Sport vor dem großen Kasten stand und mich nicht traute hinüberzuspringen. Obwohl das nun schon so lange her ist, kann ich mich immer noch daran erinnern. «Eine kleine Dickmadam, zog sich mal die Hose an, Hosennaht, die krachte, Dickmadam, die lachte, lachte dann die ganze Nacht, hat vor Schreck ins Bett gemacht», sangen sie damals auch.

Sehr unangenehm ist auch die Angst, nicht dazuzugehören. «Piss … pott. Piss … pott. Ich fang an!» Die beiden Besten im Fußball wählten ihr Team aus. «Also, ich nehme Adrian ins Tor und Michi in die Abwehr und …» Was hatte ich für eine Angst, zuletzt allein dazustehen und «übrig» zu bleiben – wie peinlich! Am Ende der

Sportstunde sang unsere Lehrerin mit uns dann: «Hast gut gemacht, hast gut gemacht, dann wirst du auch nicht ausgelacht.» Ich hatte oft Angst, dass dann einer auf mich zeigt und über mich lacht.

Alle haben Angst, Kinder genauso wie Erwachsene. Erwachsene haben Angst davor, etwas nicht zu schaffen, was sie sich vorgenommen haben, zum Beispiel bis Weihnachten nicht mehr zu rauchen. Sie fürchten, ihren Job zu verlieren oder nicht genug zu verdienen. Angst scheint also etwas zu sein, was alle Menschen ständig begleitet. Ob man will oder nicht: Angst ist da! Und meistens findet sich schnell jemand, der sagt: «Du brauchst doch keine Angst zu haben!» Oder wir sagen es uns selbst. Die wenigsten geben aber wirklich zu, Angst zu haben. In Papua-Neuguinea scheint das ganz anders zu sein.

Von Geisterfelsen und Geistertieren

Auf der südlichen Halbkugel, in Papua-Neuguinea, bringt man den Kindern so richtig das Fürchten bei. Zehnjährige Papuas lehrt man frühzeitig:

Du sollst dich fürchten! Am Tag sollst du dich vor den Geisterplätzen, Geisterhöhlen, Geisterwassern, Geisterfelsen und Geistertieren und überhaupt vor allem, was mit Geistern zusammenhängt, fürchten. Noch viel mehr sollst du dich aber in der Nacht fürchten, wo die Geister umgehen. Weicht ihr davon ab, so sind Unheil und Rache der Ahnen, Tod und Verderben euer Los; dann bringt ihr Unglück über Sippe und Stamm; dann werdet ihr totgeschlagen und bei Menschenfresserstämmen aufgefressen.

Warum sollen wir uns möglichst gar nicht und die Papuas sich möglichst stark fürchten? Könnte man einen Papua fragen: «Na, fürchtest du dich?», würde er wohl antworten: «Klar, vor den

Geistern!» Stell dir doch mal vor, du würdest dasselbe deinen Vater fragen, er würde doch glatt sagen: «Nee, ich doch nicht!» Er würde wahrscheinlich nicht zugeben, dass er sich auch manchmal fürchtet.

Warum streben wir diese Angstfreiheit an? Und wozu dient die Angst bei den Papuas? So wie die Papua-Kinder möchte ich nicht leben, denkt jetzt bestimmt mancher. Wenn man vor so vielen Dingen Angst haben muss, dann traut man sich nie, irgendetwas Neues zu tun, etwas, was noch keiner getan hat. Man hätte beispielsweise Angst, über den nächsten Berg zu gehen und nachzuschauen, wie die Welt dort weitergeht.

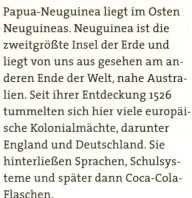

Nachgefragt

Wer oder was ist Papua?

Papua-Neuguinea liegt im Osten Neuguineas. Neuguinea ist die zweitgrößte Insel der Erde und liegt von uns aus gesehen am anderen Ende der Welt, nahe Australien. Seit ihrer Entdeckung 1526 tummelten sich hier viele europäische Kolonialmächte, darunter England und Deutschland. Sie hinterließen Sprachen, Schulsysteme und später dann Coca-Cola-Flaschen.

Aber vielleicht wollen die Leute dort ja auch gar nicht, dass das jemand wagt. Das wäre dann so wie in einem kleinen Dorf, das von einem dunklen Wald umgeben ist und in dem den Dorfbewohnern erzählt wird, dass sie nicht in den Wald gehen dürfen, da sonst Unheil über sie käme. Vor lauter Angst bleiben die Dorfbewohner in ihrem Dorf und sorgen so dafür, dass die Dorfgemeinschaft nicht kleiner wird.

Wir dagegen wollen uns von der Angst frei machen, weil wir selber wählen wollen, wo und wie wir leben wollen. Ganz ohne Angst werden wir jedoch nie sein. Und das ist auch gut so. Angst gehört zu unserer «Grundausstattung» wie die Bremsanlage zum Auto. Sie aktiviert uns und versetzt uns in einen Alarmzustand. Dadurch hilft sie uns, gefährliche oder unsichere Situationen zu bewältigen. Außerdem zeigt sie uns, wo wir uns noch weiterentwickeln können. Völlige Angstfreiheit ist also keineswegs erstrebenswert. Und dennoch gibt es Ängste, von denen es lohnt, sich zu befreien, weil sie einen sonst ewig behindern. Solche Ängste sind zum Beispiel Flugangst, Angst vor Spinnen oder Angst, sich auf Plätze mit vielen Menschen zu begeben.

> **Nachgefragt**
>
> **Furchthase oder Angsthase?**
>
> Die deutsche Sprache macht keinen Unterschied in der Bedeutung der Worte «Angst» und «Furcht». Beide bezeichnen ein ungutes Gefühl, das von der Vorstellung künftiger Übel verursacht ist, ein beklemmendes Gefühl des Bedrohtseins. Auch der berühmte Psychologe Sigmund Freud hat keinen Unterschied zwischen Furcht und Angst gemacht. Angst ist bei ihm nur die Steigerung von Furcht. Dann könnten wir doch genauso gut «Furchthase» sagen, oder?

Angst verleiht Flügel

In dem berühmten Comic «Asterix bei den Normannen» bedrängen die Normannen einen kleinen Gallier, ihnen zu verraten, was Angst sei, denn sie hatten gehört, dass Angst Flügel verleiht. Der Gallier schlottert am ganzen Leib, da er Angst um sein Leben hat. Die Wikinger sind davon überzeugt, dass der Gallier sie austricksen will.

Ein Wikinger: «Mach uns Angst, hab ich gesagt. Wir sind von weit her gekommen, um zu erfahren, was Angst ist. Also mach uns Angst!»

Der Gallier: «Aber das ist ein Missverständnis. Ihr macht mir Angst.»

Ein Wikinger hält den Gallier die ganze Zeit am Kragen gepackt: «Ich mach dir Angst? Wie kann ich etwas machen, wovon

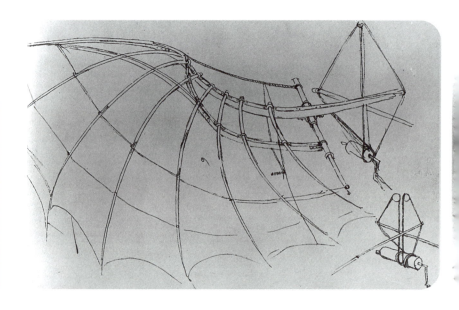

Bauzeichnungen von Leonardo da Vinci aus dem 16. Jahrhundert: Kurbelgetriebe für das Flügelschlagen und eine Luftschraube, die an einen Propeller erinnert

ich keine Ahnung habe? Das heißt also, dass du jetzt in diesem Augenblick Angst hast?»

Der Gallier mit totenbleichem Gesicht: «Aber ja doch, ich habe Schüttelfrost, Blutleere im Gehirn, Magenkrämpfe …»

In diesem Moment mischt sich ein anderer Wikinger ein: «Er hat Grippe! Angst ist nichts anderes als Grippe!»

Der erste Wikinger erwidert: «Hast du schon mal erlebt, dass Grippe Flügel verleiht, beim Odin?» Schließlich binden die normannischen Hünen den schmächtigen Gallier an einen Pflock, damit er ihnen über Nacht vor lauter Angst nicht wegfliegt.

Verleiht Angst wirklich Flügel, wie die Wikinger glaubten? Heißt das, dass Drachenflieger besonders ängstliche Menschen sind? «Nein», wirst du jetzt wahrscheinlich antworten, «das Sprichwort meint doch

Berühmte Leute

Daniel Düsentrieb ist nichts gegen ihn!

Es gibt kaum etwas, was er nicht konnte. **Leonardo da Vinci** wurde 1452 in Italien geboren und arbeitete als Maler, Ingenieur, Erfinder, Bildhauer, Architekt und Naturforscher. Er war seiner Zeit weit voraus und musste sich gegen viele Vorurteile und Widerstände behaupten. Er konstruierte völlig neuartige Geräte und Maschinen, darunter Pumpen und Kräne, und gilt daher als Wegbereiter der modernen Maschinentechnik. Zeit seines Lebens träumte Leonardo vor allem von einem: vom Fliegen! Er fertigte Zeichnungen von Fluggeräten an und führte sogar Flugexperimente durch.

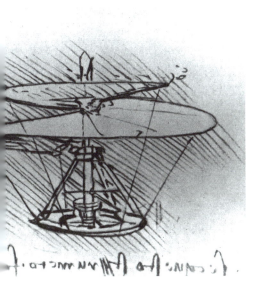

Im Bild «Der Schrei» steht dem Mensch die Angst ins Gesicht geschrieben (entstanden um 1893)

eher, dass Angst ungeahnte Kräfte in uns weckt. Sie beflügelt uns und macht erfinderisch. Wenn wir zum Beispiel beim Sport fürchten, uns zu blamieren, kann das ein Ansporn sein, doppelt so gut zu trainieren. Beim Training wachse ich dann manchmal richtig über mich hinaus, dann schaffe ich Sachen, die ich mir nie zugetraut hätte.»

Schon immer haben Menschen vom Fliegen geträumt, nicht nur die Wikinger. Vielleicht hat der Traum vom Fliegen auch etwas mit dem Wunsch nach Freiheit zu tun. Wenn wir fliegen, haben wir das süße Gefühl von Freiheit. Vielleicht bist du auch schon einmal von einer Sanddüne mit weit ausgestreckten Armen heruntergesprungen und hast dir vorgestellt, ein Adler zu sein?

Angst kann einen auch zu Kunstwerken anregen. Viele Künstler ließen sich von
ihrer Angst beflügeln und ließen sie in ihre Kunstwerke einfließen. Der Norweger
Edvard Munch zum Beispiel hat zahlreiche Kunstwerke geschaffen, die mit Angst zu tun haben. Sie tragen Titel wie «Der Schrei», «Das Angstgefühl» oder «Das Sterbezimmer».

Was ist hinter dem Universum?

Wo bitte geht's zum Rand der Welt?

Die Weite des Universums, der Sternenhimmel, Leben auf dem Mars, ferne Galaxien und Schwarze Löcher. Das alles fasziniert uns Menschen. Als denkende, neugierige Wesen wollen mir mehr wissen über das große Ganze, das uns umgibt. Ist unsere kleine, alltägliche Welt ein Abbild des Universums? Oder funktioniert das Universum ganz anders als unsere menschliche Welt? Was ist das Universum? Welche Vorstellungen verbinden wir damit? Ist das Universum unendlich oder hat es eine Grenze?

Stell dir vor, es käme jemand zu dir und würde dich bitten, ihm mal eben den Weg von hier bis zum Ende des Universums aufzuzeichnen. Hättest du in der Mitte des 13. Jahrhunderts gelebt und zu den wenigen Gelehrten dieser Zeit gehört, hättest du locker eine kleine Karte gezückt und ihm den Weg gezeigt: «Ja, kein Problem: Wo genau soll es denn hingehen?» Auf deiner kleinen Karte, in etwa so groß wie dieses Buch, war die irdische Welt abgebildet, die aus damaliger Sicht die ganze Welt, das ganze Universum, darstellte. Das Universum war gleichzeitig Christus, der das Geschick der Erde in den Händen hielt.

«Wir leben ja nicht mehr im Mittelalter!», wirst du erwidern. «Das sind doch nur Mythen und Märchen. Damals wusste man es eben nicht besser und versuchte, den Ursprung der Welt so zu erklären.» Vielleicht sollte man das nicht so schnell abtun. Wer an einen Gott glaubt, erklärt sich die Welt eben auch religiös. Man kann die Dinge aus verschiedenen Blickwinkeln betrachten, mit den Augen des Künstlers, mit den Augen des Wissenschaftlers, mit den Augen des religiösen Menschen oder auch mit denen des Geschichtenerzählers. Das eine schließt das andere nicht aus.

Nachgefragt

Warum ist das Rote Meer rot?

Im 13. Jahrhundert sah die Welt noch ganz anders aus: Die Londoner «Psalter-Karte» war nur 10 × 14 Zentimeter groß (siehe rechts) und stellte die ganze bekannte Welt als Scheibe dar, also Europa, Asien und Afrika. Die Karte enthält keineswegs nur geographische Informationen, sondern erklärt gleichzeitig die Gestalt der irdischen Welt anhand der christlichen Heilsgeschichte. Auf der Psalter-Karte findet man also nicht nur Berge, Meere und Kontinente, sondern erfährt auch etwas über ihre Herkunft und Bedeutung. Dort, wo die drei Kontinente zusammentreffen, liegt Jerusalem. Direkt daneben beginnt das Rote Meer, dessen Farbe das Blut Christi symbolisiert. Im Nordosten (links auf der Karte), hinter einem Bergwall mit verschlossenem Tor, sieht man wilde Völker, die eines Tages über die Christenheit herfallen werden – davon waren die Kartographen überzeugt. Alles wird zusammengehalten durch Christus und seine Engel.

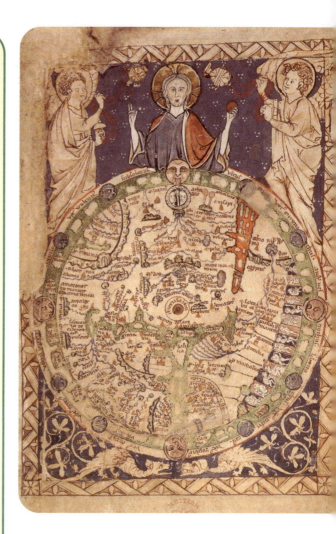

Fast alle antiken Philosophen waren auch Wissenschaftler und religiöse Menschen. Selbst Albert Einstein, einer der größten Wissenschaftler neuerer Zeit, nahm an, dass es einen Gott geben müsse, der alles so harmonisch und schön erschaffen habe, wie die Menschen es vorfinden und naturwissenschaftlich erklären könnten. 1930 warnte ein Kardinal aus Boston vor Albert Einstein und seiner Lehre, die das alte Weltbild gehörig ins Wanken brachte. Er sei ein gottloser Mann. Darauf telegrafierte der Rabbiner Herbert S. Goldstein von New York an Einstein: «Glauben Sie an Gott?» Einstein kabelte zurück: «Ich glaube an einen Gott, der sich in der Harmonie des Seienden offenbart.» Oft sagte er, wenn eine neue Theorie ihm willkürlich oder hingebogen erschien: «So etwas tut der liebe Gott nicht.»

Hat alles ein Ende?

Ich denke, da alles, was wir kennen, ein Ende hat, müsste doch auch das Universum ein Ende haben. Wenn ich einmal meine Welt betrachte, dann umfasst sie meine Familie, meine Schule, meine Straße, meine Freunde, die Urlaubsorte, zu denen ich am liebsten fahre, und die Stadt, in der ich lebe. Wenn ich so recht überlege, dann ist meine Welt natürlich auch das Land, in dem ich lebe, ebenso Europa, zu dem Deutschland gehört, und dann wird es etwas umfassender, natürlich der Planet Erde. Die Erde gehört zusammen mit dem Mars, dem Jupiter und anderen Planeten zu einem Sonnensystem, das wiederum Teil eines Sternensystems, der Milchstraße, ist. Auch dies ist noch meine Welt, und diese Welt existiert in einem Universum, das meine Welt umschließt. Dieses Universum müsste eigentlich ein Ende haben, genauso wie die kleine Welt meines Zimmers ein Ende hat.

Andererseits: Soweit ich weiß, heißt «Universum» nichts anderes als «das Ganze». Wenn aber das Universum das Ganze ist, wie kann es dann noch etwas geben, was dahinter liegt? Vielleicht stimmt einfach das Wort nicht.

Auch «Ronja Räubertochter», von der wir schon zu Beginn des Buches gehört haben, war neugierig, was wohl alles zu ihrer Welt gehört, und sie war sehr verwundert, als sie feststellte, dass ihre Welt nicht nur, wie ihre Eltern behauptet hatten, aus der Burg bestand, auf der sie lebte, sondern aus noch viel, viel mehr:

Und Ronja ging. Ihr wurde bald klar, wie dumm sie gewesen war. Wie hatte sie glauben können, dass die Steinhalle die ganze Welt sei? Nicht einmal die gewaltige Mattisburg war die ganze Welt. Nicht einmal der hohe Mattisberg war die ganze Welt, nein, die Welt war viel größer. Sie war so, dass einem der Atem stockte. Natürlich hatte Ronja gehört, wie Mattis und Lovis über das sprachen, was es außerhalb der Mattisburg gab. Vom Fluss hatten sie gesprochen. Aber erst, als sie ihn mit seinen wilden Strudeln tief unter dem Mattisberg hervorschäumen sah, begriff sie, was Flüsse waren. Vom Wald hatten sie gesprochen. Aber erst, als sie ihn so dunkel und verwunschen mit all seinen rauschenden Bäumen sah, begriff sie, was Wälder waren. Und sie lachte leise, weil es Flüsse und Wälder gab.

Ronja hatte nicht gewusst, dass die Welt aus mehr als der Mattisburg bestand, sie hatte geglaubt, was ihre Eltern ihr erzählten, genau so, wie es im Mittelalter üblich war. Man erklärte den Menschen, die Welt sei eine Scheibe und am Rand der Scheibe ende nicht nur die Welt, sondern das ganze Universum.

Ich sehe das All vor lauter Sternen nicht

Einer, der sich mit den Grenzen des Universums beschäftigt hat, ist der Philosoph und Mathematiker Archytas von Tarent, der etwa vierhundert Jahre vor Christus lebte. Archytas von Tarent fragte sich, was wohl geschehen würde, wenn er sich an den Rand des Universums begäbe, um einen Speer Richtung Grenze zu schleudern. Würde der Speer daran abprallen und ins Universum zurückkehren oder sich im Jenseits verlieren? Seine Frage blieb zwei Jahrtausende unbeantwortet.

Während des Mittelalters gerieten viele der Fragen, die sich die antiken Philosophen gestellt hatten, in Vergessenheit. Der Mensch und sein Schöpfer wurden in den Mittelpunkt des Universums gestellt, wie du es auf der Londoner Miniaturkarte gesehen hast.

Das änderte sich in der ersten Hälfte des 16. Jahrhunderts: Der Gelehrte Nikolaus Kopernikus zeigte nämlich, dass sich die Planetenbewegungen viel besser erklären ließen, wenn man annahm, dass nicht die Erde, sondern die Sonne im Mittelpunkt steht. Diesem völlig neuen Weltbild verhalfen einige Zeit später Galileo Galilei und Johannes Kepler zum Durchbruch. Ihr äl-

Ein Holzschnitt aus dem 19. Jahrhundert zeigt, wie man sich im Mittelalter die Erde und das Universum vorstellte

Zahlen & Rekorde

Weit, weiter, am weitesten weg von der Erde

In unserem Sonnensystem gibt es neun Planeten, zu denen auch die Erde gehört. Sie alle kreisen um die Sonne. Mit Hilfe der Tabelle kannst du sehen, wie weit sie jeweils von der Erde entfernt sind und wie lange wir etwa brauchen würden, um sie zu erreichen, wenn das technisch möglich wäre:

	Zirka-Entfernung im günstigsten Fall	Reisezeit dafür bei mehr als 6000 km/h
Merkur	91 Millionen km	1 Jahr, 10 Monate
Venus	41 Millionen km	10 Monate
Mars	78 Millionen km	1 Jahr, 7 Monate
Jupiter	628 Millionen km	12 Jahre, 7 Monate
Saturn	1277 Millionen km	25 Jahre
Uranus	2720 Millionen km	52 Jahre
Neptun	4347 Millionen km	86 Jahre
Pluto	5750 Millionen km	115 Jahre

Ich sehe das All vor lauter Sternen nicht

> **Nachgefragt**
>
> **Wer schluckt das Licht der Sterne?**
>
> Der deutsche Astronom **Heinrich Olbers** vermutete 1823, dass das Licht der Sterne auf seiner Reise durch das Weltall teilweise absorbiert wird und daher nicht vollständig zu uns gelangt. Da aber alles Licht, das absorbiert wird, auch wieder ausgesandt werden muss, konnte der dunkle Nachthimmel dadurch nicht erklärt werden. Dieses Problem der endlichen Menge Sterne ist als *Olbers'sches Paradoxon* bekannt geworden.

terer Zeitgenosse Giordano Bruno (1548 bis 1600) behauptete nun, dass das Universum unendlich sei – erfüllt von zahllosen Sonnen, Weltsystemen, ohne Grenzen und ohne Mittelpunkt. Die von Archytas beschriebene Situation, dass ein Mensch an der Grenze des Universums steht, konnte demnach gar nicht existieren. Bruno bezahlte seine Thesen mit dem Leben. Er wurde am 17. Februar 1600 in Rom auf einem Scheiterhaufen verbrannt.

«Ich kann mir eine Grenze oder ein Ende des Universums wirklich nur sehr schwer vorstellen. Aber genauso wenig kann ich mir ein grenzenloses Universum vorstellen», wirst du vielleicht sagen.

Lass uns doch ein paar Gedankenexperimente machen, vielleicht bringt uns das weiter: Wenn das Universum unendlich ist, müsste es dann nicht auch unendlich viele Sterne darin geben? Wenn es aber unendlich viele Sterne gibt, dann dürfte es nachts nie dunkel sein. In einem unendlichen Weltall müsste ähnlich wie in einem dichten Wald, wo die Sicht durch unzählige Bäume verstellt ist, der Blick, wohin er sich auch richtet, immer auf einen Stern treffen. Da das nicht so ist, könnte man annehmen, dass es nicht unendlich viele Sterne gibt und dass das Universum daher nicht unendlich sein kann.

Doch wenn ich es mir recht überlege: Dass wir nur eine begrenzte Anzahl von Sternen sehen, muss eigentlich noch nicht heißen, dass das Universum Grenzen hat. Vielleicht können wir mit unserem menschlichen Auge bloß nicht das ganze Universum sehen. Ich habe gelesen, dass alles, was weiter als 15 Lichtjahre von der Erde entfernt ist, für uns Menschen unsichtbar ist. Trotzdem ist es da, und ich könnte mir ein Ticket kaufen: einmal in die Tiefen des Universums und zurück. Mein Problem dürfte nur sein, dass ich nicht genug Zeit für meine Reise habe.

Galaxien auf der Flucht

Im Jahre 1929 machte der amerikanische Astronom Edwin Hubble eine bemerkenswerte Entdeckung. Mit einem zweieinhalb Meter großen Fernrohr, dem damals größten der Welt, beobachtete er, dass sich alle Galaxien voneinander wegbewegen. Das zeigte ihm eine Rotverschiebung des von ihnen empfangenen Lichts. Je weiter die Galaxien von uns entfernt sind, desto schneller bewegen sie sich fort. Dabei ist die Fluchtgeschwindigkeit der Galaxien unabhängig von der Himmelsrichtung, in der man sie beobachtet.

Berühmte Leute

Am Anfang war die Unendlichkeit

Ein Philosoph, der sich bereits in der Antike Gedanken darüber machte, woraus das Universum entstanden sein könnte, war **Anaximander von Milet** (etwa 610 bis 546 vor Christus). Er meinte, dass alles aus einer Art Urstoff, dem *Apeiron* (dem «Grenzenlosen»), hervorgegangen sei. Die zahllosen Welten werden aus dem Unendlichen geboren und später wieder von ihm aufgenommen. Nach Anaximanders Ansicht ist das Weltall unbegrenzt, ewig und ohne Mittelpunkt.

Wenn Hubbles Beobachtungen richtig sind, dann müssten alle Galaxien irgendwann einmal an einem gemeinsamen Anfangspunkt gestartet sein. Genauso wie eben Kurzstreckenläufer sich auch irgendwann einmal an den Start begeben haben.

Wenn die Geschwindigkeiten der Galaxien in der Vergangenheit immer gleich gewesen sind, könnte man den Zeitpunkt des Starts, des so genannten Urknalls, leicht errechnen. Aber genauso wie Läufer mit unterschiedlich starkem Gegenwind zu kämpfen haben, ist auch die Fluchtgeschwindigkeit der Galaxien nicht immer gleich. Hinzu kommt, dass die Sterne und Galaxien sich untereinander anziehen und dadurch abbremsen. Wie stark dieser Effekt ist, hängt von der Dichte des Universums ab. Die ist jedoch nicht genau bekannt, da es möglicherweise eine Menge unsichtbarer Materie gibt. Daher lässt sich auch die Geburtsstunde des Universums nur sehr ungenau berechnen.

Die Physiker lehren, dass alles aus Materie und Energie besteht und sich in ständiger Bewegung befindet. Das Universum, so sagen sie, ähnele einem Hefeteig. So wie der Hefeteig am Anfang

eine kleine, feste Kugel war, war auch das Universum in der Vergangenheit dichter und wärmer.

«Heißt das, dass wir so etwas wie Rosinen im aufgehenden Hefeteig sind?» – «Ja, das könnte man vielleicht sagen, dabei wissen wir jedoch genauso wie vor Tausenden von Jahren nicht genau, wo im Hefeteig wir uns aufhalten.»

Es macht wirklich Spaß, mit den Augen des Wissenschaftlers auf unser Universum zu blicken und zu prüfen, wie es an seinem Rand oder dahinter aussehen könnte. Im Laufe der Jahrtausende haben die Menschen das Universum immer wieder ganz anders und neu erklärt.

Ist unser Leben nur ein Traum?

Träume sind Schäume

«Kannst du mir den Unterschied zwischen Traum und Wirklichkeit erklären?», fragt ein Mädchen. «Was für eine komische Frage», antwortet ihre Freundin. «Das, was ich riechen, hören, fühlen und schmecken kann, ist kein Traum. Kneif dich doch einmal, dann wirst du sehen: Du bist wach, und das hier jetzt ist wirklich!» – «Ich weiß nicht, ob das schon ausreicht», zweifelt die andere. «Auch im Traum kann ich mich kneifen und Schmerz empfinden. Und was ist damit: Wenn ich jetzt an meine letzte Party denke, dann kann ich diesen Gedanken ja auch nicht anfassen, aber trotzdem ist er da. Das heißt, dass nicht nur das, was man anfassen, riechen oder schmecken kann, wirklich ist.»

Wie kann man beweisen, dass etwas die Wirklichkeit oder ein Traum ist? Ist ein Schatten weniger wirklich als der Mensch, der den Schatten wirft? Ist die Wiederholung des Bundesligaspiels am nächsten Tag im Fernsehen weniger wirklich als die Live-Übertragung oder als der Besuch im Fußballstadion? Verwandt mit dem Wort «Wirklichkeit» ist das Wort «wirken». Die Wirkung des Live-Fußballspiels ist bestimmt eine andere als die einer Wiederholung des Spiels am nächsten Tag. Da man weiß, dass das Spiel schon entschieden ist, ist es nicht mehr ganz so spannend. Doch liegt der Unterschied zwischen Traum und Realität tatsächlich in der Wirkung? «Wenn ich da an so manchen Albtraum denke», könntest du zu Recht einwenden, «hat doch so ein Albtraum eine große Wirkung, denn ich habe wirklich Angst!»

Würden Träume keine Wirkung zeigen, wären sie ja nur Schäume – dann würde das Sprichwort stimmen! Aber sind

> **Berühmte Leute**
>
> **War Lewis eigentlich Charles – oder umgekehrt?**
>
> Der Autor des Buches «Alice hinter den Spiegeln» wurde 1832 in England geboren und nannte sich **Lewis Carroll**. Dies war ein Pseudonym. Eigentlich hieß er **Charles Lutwidge Dodgson** und unterrichtete Logik und Mathematik an einem College in Oxford. Dodgson führte ein recht eintöniges Leben. Nur unter Kindern wurde aus dem menschenscheuen, eigenbrötlerischen Lehrer ein begeisterter Erzähler voller Phantasie. Seine erste Alice-Geschichte schrieb er 1864 für die kleine Tochter eines Kollegen. Im Jahr darauf erschien das Buch «Alice im Wunderland» und 1872 schließlich «Alice hinter den Spiegeln», die heute beide zu den bekanntesten Büchern Englands gehören.

Träume denn nur Schäume? Zerplatzen sie wie die Badeschaumbläschen, in die man den Finger hineinsteckt? Diese Frage beschäftigt auch Alice …

Der König träumt dich

In der phantastischen Geschichte «Alice hinter den Spiegeln» geht ein sehr neugieriges Mädchen namens Alice durch einen Spiegel hindurch, um zu untersuchen, wie das Leben dahinter aussieht. Das allein klingt schon eher nach einem Traum als nach der Wirklichkeit. Alice möchte herausfinden, ob sich in der Spiegelwelt die Wirklichkeit spiegelt. Wie sie feststellt, läuft in der Welt hinter den Spiegeln die Vergangenheit in die Gegenwart. Wenn sich jemand verletzt, klebt er also zunächst das Pflaster auf, dann schreit er, und schließlich fällt er hin.

Ebenso merkwürdig wird es, als Alice den Zwillingen Zwiddeldei und Zwiddeldum begegnet:

> «Komm und schau ihn dir an!», riefen sie zu zweit, fassten Alice beiderseits an den Händen und führten sie zu dem schlafenden König. «Sieht er nicht wunderhübsch aus?», fragte Zwiddeldum. Da hätte Alice freilich lügen müssen. Er hatte eine hohe schwarze Schlafmütze mit einer Quaste auf, lag zu einem unordentlichen Häuflein zusammengerollt da und schnarchte laut. «Der schnarcht sich auch noch einmal die Seele aus dem Leib!», bemerkte Zwiddeldum dazu. «Wenn er sich in dem feuchten Gras nur keine Erkältung holt!», sagte Alice, denn sie war ein sehr umsichtiges Mädchen.

«Er träumt», sagte Zwiddeldei, «und was, glaubst du, träumt er?» – «Das weiß keiner», sagte Alice. «Nun, dich träumt er!», rief Zwiddeldei und klatschte triumphierend in die Hände. «Und wenn er aufhörte, von dir zu träumen, was meinst du, wo du dann wärst?» – «Wo ich jetzt bin, natürlich», sagte Alice. «So siehst du aus», erwiderte Zwiddeldei verächtlich. «Gar nirgends wärst du. Du bist doch nur so etwas, was in seinem Traum vorkommt!»

«Der König da», fügte Zwiddeldum hinzu, «brauchte bloß aufzuwachen, und schon gingst du aus – peng – wie eine Kerze.» – «Gar nicht», rief Alice empört.

Dieses kurze Gespräch zwischen Alice und den merkwürdigen Zwillingen bringt das Problem auf den Punkt: Wie kann Alice den Zwillingen beweisen, dass sie nicht allesamt nur Figuren aus dem Traum des schnarchenden Königs sind und sich – peng! – wie eine Seifenblase auflösen, wenn der König aufwacht? Oder allgemeiner gefragt: Wie können wir beweisen, dass wir wach sind und nicht bloß träumen, dass wir wach sind, und dass es uns wirklich gibt? Reicht es, Alice vorzuschlagen, sie solle sich einmal kneifen, dann würde sie schon merken, dass sie wirklich ist?

Die eine Hälfte des Tages schlafen wir – nur welche?

Vielleicht helfen uns die Naturwissenschaftler, zum Beispiel der französische Mathematiker, Physiker und Mechaniker Blaise Pascal. Auch er beschäftigte sich mit der Frage «Schlafen oder wachen wir?».

Pascal behauptete Folgendes: Niemand hat Gewissheit darüber, ob er wacht oder schläft, denn:
1. Man glaubt auch im Traum, Räume, Gestalten und Bewegungen zu sehen.
2. Man fühlt im Traum die Zeit vergehen, man kann sie sogar messen.

> **Berühmte Leute**
>
> **Das Wunderkind, das dem Finanzamt half**
>
> Am 19. Juni 1623 wird **Blaise Pascal** in Clermont in Frankreich geboren. Blaise war nicht gerade ein herausragender Sportler, sondern eher am Denken interessiert. Sein Naturtalent zeigte sich unter anderem darin, dass er sich die ersten 32 Sätze der euklidischen Geometrie als Kind selbständig herleitete – und das ist nicht gerade einfach! 1645 erfand Blaise für seinen Vater, der beim Finanzamt arbeitete, eine Rechenmaschine, die *Pascaline*, die eine Vorläuferin des heutigen Computers war. So ganz nebenbei erforschte er auch noch den luftleeren Raum und führte Versuche zum Luftdruck durch. Ihm zu Ehren wurde eine Programmiersprache PASCAL genannt, und auch die physikalische Einheit, in der man den Druck angibt, heißt heute «Pascal». Zu seinen vielen Leistungen zählt auch das «Pascal'sche Dreieck», bei dem er die Zahlen so anordnete, dass jede Zahl die Summe der beiden direkt darüber stehenden Zahlen ergibt.
>
> ```
>         1
>        1 1
>       1 2 1
>      1 3 3 1
>     1 4 6 4 1
>   1 5 10 10 5 1
> ```
> usw.

3. Man kann im Schlaf das Gleiche wie im Wachzustand machen: etwa hüpfen, schleichen oder reden.
4. Man verbringt mehr als die Hälfte des Lebens im Schlaf, die Frage ist nur: welche Hälfte?
5. Die Gedanken, die man angeblich im Wachzustand hat, könnten genauso gut Illusionen sein wie die Phantasien in unseren Träumen.

Blaise Pascal kann uns also auch nicht weiterhelfen bei unserer Suche nach dem eindeutigen Unterschied zwischen Wachen und Träumen. Auch die moderne Psychologie ist vorsichtig mit einer klaren Trennung, denn inzwischen zeigen Versuche, dass sowohl der Traum den Wachzustand beeinflusst als auch der Wachzustand den Traum. Außerdem hat man festgestellt, dass das Gehirn beim Träumen ähnlich aktiv ist wie beispielsweise beim Lösen einer Mathematikaufgabe. Träume liefern oft auch Ideen für Künstler und galten schon immer als besondere Quelle der Weisheit.

Auch der große chinesische Philosoph Tschuang Tse, der 365 vor Christus geboren wurde, erkannte die Schwierigkeit, Traum und Wirklichkeit zu unterscheiden. Er erzählte dazu die folgende Geschichte:

Einst träumte mir, Tschuang Tschou, ich sei ein Schmetterling, ein schwebender Schmetterling, der sich wohl und wunschlos fühlte und nichts wusste von Tschuang Tschou.

Plötzlich erwachte ich und merkte, dass ich wieder Tschuang Tschou war. Nun weiß ich nicht, bin ich Tschuang Tschou, dem träumte, ein Schmetterling zu sein, oder bin ich ein Schmetterling, dem träumte, er sei Tschuang Tschou.

Nachgefragt

Wie träumt man rot?

Das Träumen ist eine «Aktivität des Gehirns» während des Schlafs. Früher ging man davon aus, dass nur im REM-Schlaf geträumt wird. Heute weiß man, dass dies auch in anderen Schlafphasen geschieht. REM ist die Abkürzung für *rapid eye movement* und bezeichnet die «schnelle Bewegung der Augen» in einer bestimmten Phase des Schlafs. Achte mal drauf, wenn du jemanden siehst, der schläft. Im so genannten REM-Schlaf träumen wir eher lebhaft und in Bildern, während wir sonst eher gedankenartig träumen. Viele Versuche wurden inzwischen unternommen, um herauszufinden, wie man seine Träume beeinflussen kann. Bei einem Versuch hat man den Leuten Brillen mit rotem Glas aufgesetzt, die sie tagsüber tragen mussten; nach fünf Tagen träumten die Leute in Rot.

Die eine Hälfte des Tages schlafen wir – nur welche?

Woher kommen die Wörter?

Warum heißt Apfeltorte «Apfeltorte»?

«Wörter», wirst du jetzt wahrscheinlich schnell antworten, «sind so eine Art Behälter für meine Gedanken. Ohne Wörter könnte ich nicht denken, mich nicht mit meiner Freundin unterhalten, nicht schimpfen, wenn ich in der Schule beim Abgucken im Vokabeltest erwischt werde, und nicht lügen.»

Auch für die Philosophen sind Wörter schon immer wichtig gewesen, denn

1. Die Philosophen denken *mit* Wörtern nach!
2. Die Philosophen denken *über* Wörter nach!

So fragen sie sich etwa: Gibt es jemanden, der einst die Sprache und die ganzen Wörter geschaffen hat? Ist der Mensch zum Sprechen geboren? Oder eben: Warum heißt Apfeltorte «Apfeltorte»?

«Ist doch klar!», wird da bestimmt jemand sagen. «Die Apfeltorte heißt so, weil sie eine Torte ist, die mit Äpfeln belegt ist, und das unterscheidet sie von einer Pfirsichtorte, die mit Pfirsichen belegt ist und deshalb eben so genannt wird.» Du könntest ihm entgegnen: «Das ist schon richtig, aber warum heißt der Apfel ‹Apfel› und die Torte ‹Torte›?»

Auch der griechische Philosoph Platon, geboren 428 vor Christus, machte sich viele Gedanken darüber, wie die Namen zu den Dingen kommen. Platon schrieb dazu

einen Dialog, ein Gespräch zwischen den Berufsphilosophen Kratylos und Hermogenes. Die Gesprächspartner sind sich darin einig, dass die Namen, also die Bezeichnungen, den Dingen von einem oder mehreren ersten Namensgebern zugeteilt worden sind und dass sie eine gewisse Richtigkeit haben, wie sie es nannten. Strittig ist, woher diese Richtigkeit kommt. Ob sie daher kommt, dass das Wort «Apfeltorte» etwas mit einer Apfeltorte zu tun hat, wie sie jetzt gerade, nach Äpfeln und warmem Kuchen duftend, vor mir steht oder ob sie nur deshalb Apfeltorte heißt, weil man sich eben darauf geeinigt hat, sie so zu nennen! Kratylos ist davon überzeugt, dass die Namen der Dinge auch etwas mit dem Wesen der Dinge zu tun haben. Hermogenes vertritt die Gegenthese und behauptet, dass die Namen auf einer Übereinkunft innerhalb einer Gesellschaft beruhen. Da sie sich nicht einigen können, gehen sie zu Sokrates, der ihnen helfen soll. Doch der kluge Sokrates gibt ihnen wie immer keine direkte Antwort, sondern bringt sie durch sein Nachfragen dazu, selbst einer Lösung näher zu kommen.

Sieht ein Robin anders aus als ein Heinz?

Ein ähnliches Problem wie die beiden griechischen Gelehrten haben die beiden Freunde Robin und Arnim.

Robin: «Eigentlich frage ich mich, warum ich Robin heiße. Hat meine Mutter, als ich geboren wurde, zu meinem Vater gesagt: ‹Was meinst du, Heinz, wollen wir ihn Robin nennen oder Heinz?› Na ja, und dann haben sie sich halt darauf geeinigt, dass ich Robin heiße.»

Arnim: «Hmm, bestimmt haben sie dich angesehen und so bei sich gedacht: Sieht aus wie ein Robin, nennen wir ihn also Robin. So wie du einen Hasen ansiehst und denkst, dass er ein Hase sein muss. Ich glaube, solche Namen sind ganz selbstverständlich, ganz natürlich.»

Robin: «Du meinst, dass Namen einfach so wie eine Frucht in

> **Nachgefragt**
>
> **Ist die Katze auf der Fußmatte?**
>
> Der Sprachphilosoph **Ludwig Wittgenstein** (1889 bis 1951) meinte unter anderem, dass die Sprache dazu diene, die Wirklichkeit abzubilden. Der Satz «Die Katze ist auf der Fußmatte» ist dann ein wahrer Satz, wenn die Katze auf der Fußmatte ist. Aber nicht alles, was sich sagen lässt, ist auch wirklich so. Und es gibt vieles in der Sprache, was nur eine Vorstellung von etwas ist: Dass wir über Gott sprechen können, beweist nicht, dass es Gott auch wirklich gibt, so Wittgenstein.

der Natur wachsen? Nie und nimmer! Guck dir meinen Vater an: Heute sagt er zu seinem Auto ‹Egon›, und in einem Jahr nennt er das Auto vielleicht ‹Else›. Mal ruft er meine Mutter ‹Liebling›, mal ‹Anna›. Es ist doch mein Vater, der den Dingen die Namen gibt, und nicht die Natur, die plötzlich herbeischwebt und ihm zuflüstert, er solle seine Frau jetzt Anna statt Liebling nennen.»

Fassen wir das einmal kurz zusammen: Robin meint, wenn einer oder auch viele beschlossen haben, dass ein Mensch «Mensch» heißt und ein Pferd «Pferd», dann sind diese Bezeichnungen gültig und richtig. Sie kommen nicht aus der Natur, sondern daher, dass man sich darauf geeinigt hat. Arnim hingegen ist überzeugt, dass die Namen von der Natur vorgegeben sind und mit der Sache selbst etwas zu tun haben.

Fußrund oder Fußball?

Robin fällt noch ein Argument ein: «Denk einmal an die verschiedenen Länder mit all den verschiedenen Sprachen. In Spanien gibt es für die gleichen Dinge andere Wörter als in Afrika. Kämen die Wörter von der Natur, hätten wir Menschen nur eine einzige Sprache, eine Art Weltsprache. Aber so etwas gibt es nicht.»

Arnim: «Und was ist mit Englisch? Das ist doch eine Weltsprache. Englisch kann man auf der ganzen Welt verstehen.»

Robin schüttelt den Kopf: «Es gibt überall auch Menschen, die kein Englisch sprechen, zum Beispiel in einigen Teilen Spaniens, aber auch in Deutschland. Ganz zu schweigen von den Kindern, die in der Schule noch kein Englisch hatten. Außerdem gibt es in China oder Afrika Pflanzen, Tiere und andere Dinge, für die sich gar kein Wort im Englischen findet, weil die Engländer und Amerikaner sie überhaupt nicht kennen. Nein, ich glaube, die Sprecher jeder Sprache geben den Dingen eigene Namen. Es hat ja auch jeder das Recht, die Dinge so zu nennen, wie er gerne möchte. Man muss sich nur auf einen Namen einigen, damit man sich versteht. Wir haben uns eben darauf geeinigt, zu einem Ball ‹Ball› zu sagen und zu einer Apfeltorte ‹Apfeltorte›. Wir könnten zu einem Ball ebenso gut ‹Hut› sagen – und umgekehrt. Man sieht doch dem Ball nicht an, dass er ‹Ball› heißt.»

Armin ist noch nicht ganz überzeugt: «Jede Sache hat doch bestimmte Eigenschaften, Holz kann brennen, Eisen dagegen nicht …»

Robin: «Allmählich verstehe ich, was du meinst. Holz ist von Natur aus so beschaffen, dass man damit Feuer machen kann.»

Arnim: «Ja, genau. Aber sag mal, wollen wir nicht Fußball spielen? Der Fußball ist nämlich von der Natur dazu bestimmt, dass man mit ihm spielt, und zwar mit dem Fuß! Genauso ist er von Natur aus rund – das ist er nicht erst dadurch, dass wir ihn so beschreiben.»

Robin: «Super Idee, Arnim, aber eines verstehe ich immer noch nicht: Wenn die Namen der Dinge etwas mit ihren natürlichen Eigenschaften zu tun haben, warum heißt Holz dann ‹Holz› und nicht ‹Brennbares›? Und müsste es nicht ‹Fußrund› statt ‹Fußball› heißen?»

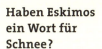 

Nachgefragt

Haben Eskimos ein Wort für Schnee?

In der Eskimosprache findet sich kein Wort, das einfach «Schnee» bedeutet. Die Eskimos verwenden viele verschiedene Wörter dafür, je nachdem, um welche Art von Schnee es sich handelt. Ebenso findet man in den australischen Sprachen kein Wort für Sand, stattdessen bezeichnet eine Reihe von Wörtern verschiedene Arten von Sand. Ähnliches kann man auch im Deutschen beobachten: Sprecher, die besonders gern Ski fahren, kennen mehr Wörter für den Schnee – zum Beispiel verharschter Schnee oder Pulverschnee – als jemand, der seinen Urlaub immer am Meer verbringt.

Auf der Suche nach dem Wörtermacher

Nachdem sie eine Weile draußen Fußball gespielt haben, machen die beiden Jungen eine Pause. Sie liegen auf dem sonnigen Rasen und beginnen wieder zu philosophieren.

Robin: «Eigentlich wissen wir immer noch nicht, wer den Dingen ihren Namen gegeben hat …»

Arnim: «Na, das ist doch leicht. Was braucht man zum Schneiden?»

Robin: «Ein Messer.»

Arnim: «Und zum Schreiben?»

Robin: «Einen Stift.»

Arnim: «Was brauchst du zum Bohren?»

Robin: «Einen Bohrer.»

Arnim: «Was brauchst du zum Namengeben?»

Robin: «Namen.»

Arnim: «Siehst du, der Name oder besser das Wort ist also auch eine Art Werkzeug. Würde dich jemand fragen, was Schneiden oder was Fußballspielen ist, dann könntest du doch genau sagen, was man dazu braucht und wie man das macht. Nehmen wir mal an, Wörter sind wie Werkzeuge. Ein erfahrener, gelernter Tischler kann besser mit einer Säge umgehen als du zum Beispiel.»

Robin: «Leuchtet mir ein. Was mir aber nicht einleuchtet, ist, was das mit Wörtern zu tun hat. Kann nur einer, der Wortkunde gelernt hat, Wörter machen? Was soll das für ein Handwerk des Wortes sein, und wer sollte es so gut beherrschen, dass er alle Begriffe und Ausdrücke gemacht haben könnte?»

Arnim: «So genau weiß ich das auch nicht. Aber mal angenommen, es gäbe so jemanden. Genau wie der Tischler zum Bau eines Holztisches eben Holz und andere Dinge braucht, würde auch der Wörtermacher Einzelteile brauchen. Diese Einzelteile des Wortes sind die Buchstaben. Setzt er die Buchstaben so zusammen, wie es die Natur des jeweiligen Dinges verlangt – wie ein

Tisch halt auf eine ganz bestimmte Art zusammengesetzt werden muss, damit es ein Tisch ist –, dann ist er auf das Ding selber eingegangen.»

Robin: «Ich weiß nicht, ich kann mir den Wörtermacher einfach nicht vorstellen. Das Einzige, was ich einsehe, ist, dass Wörter nicht zufällig entstehen, sondern etwas mit dem zu tun haben, was die Dinge ausmacht. Und dass man schon genau über die Dinge Bescheid wissen muss, um ihnen einen passenden Namen zu geben.»

Arnim: «Wenn es keinen Wörtermacher gegeben hat, wie sollen dann deiner Meinung die Dinge zu ihren Namen gekommen sein? Warum sagen wir ‹Ball› und nicht ‹Hut› zu dem runden Ding?»

Robin: «Ich habe eben als kleines Kind von meinen Eltern und anderen Leuten gelernt, dass es ‹Ball› heißt, meine Eltern haben es wohl von ihren Eltern gelernt und die wiederum von ihren. Aber wie das alles irgendwann einmal anfing – das weiß ich wirklich nicht!»

Arnim: «Also war es vielleicht doch Gott oder irgendein anderer Wortschöpfer.»

Robin: «Schon möglich. Es könnten aber ebenso gut ganz normale Leute gewesen sein. Auch heutzutage erfinden die Menschen dauernd neue Wörter, von denen sich manche durchsetzen. Irgendwann stehen sie dann im Wörterbuch, als habe es sie schon immer gegeben. Dabei hätten unsere Urgroßeltern bestimmt nichts mit den Wörtern ‹zappen›, ‹anklicken›, ‹Warmduscher›, ‹Mülltrennung› oder ‹Handy› anfangen können.»

Auf der Suche nach dem Wörtermacher • 71

Arnim: «Mir wird langsam ganz schwindelig von den vielen Wörtern. Mir scheint, die sind schwer wie Blei, was da alles dran hängt! Ich verziehe mich jetzt und lese Mickymaus-Hefte, da wird wenigstens nicht so viel geredet!»

Eine Welt ganz ohne Wörter

Auch Robin schwirrt der Kopf. In dieser Nacht träumt er sogar von den Wörtern. Er träumt, dass die Menschen keine Sprache mehr benutzen! Stumm sitzen Robin und seine Eltern am Frühstückstisch. Robin deutet auf die Marmelade und bekommt sie gereicht. Nach dem Essen packt er seinen Turnbeutel mit all den Dingen, über die er heute sprechen möchte. Er braucht später nur auf eines der Dinge zu deuten, und augenblicklich werden die anderen ihn verstehen. Heute ist schulfrei. Es ist ein sonniger Tag, und Robin macht sich auf den Weg zu Arnim. Er streckt ihm den Fußball entgegen. Arnim nickt. Sie gehen hinaus auf den Fußballplatz. Zum Mittagessen wird es Pommes frites geben. Robins Mutter hat sie am Morgen aus dem Gefrierschrank geholt und auf die Zwölf auf der Küchenuhr gedeutet. Oh, was für ein herrliches Leben, so ganz ohne Worte. Besonders glücklich macht Robin, dass er nie wieder nachmittags für ein Diktat am nächsten Tag üben braucht, denn ohne Wörter gibt es zum Glück keine Rechtschreibfehler mehr.

Unsanft reißt der Wecker Robin aus seinem wunderbaren Traum. Beim Zähneputzen brummelt er in den Schaum: «Das muss ich unbedingt Arnim erzählen ... eine Welt ohne Wörter.»

Als Robin wenig später Arnim trifft, ist der von Robins Traum wenig begeistert: «Ich glaube, das funktioniert nicht. Wie soll zum Beispiel eine Lehrerin den Erstklässlern das Rechnen erklären? Wahrscheinlich sehen die Kinder das Pluszeichen an der Tafel und denken, die Lehrerin malt ein Bild.»

«Also mir gefällt die Vorstellung ...», überlegt Robin.

Arnim wendet ein: «Aber was ist, wenn du etwas sagen willst, was du gar nicht mitgenommen hast. Manchmal kommt man ja von einem Thema auf das andere: Schule, Fußball, Hunger. Zum Beispiel Hunger: Überleg doch mal, wie soll ein kleines Kind seiner Mutter klar machen, dass es Essen haben will. Es kann doch nicht alle Sachen aus dem Kühlschrank holen und vor sich hinstellen, bis die Mutter versteht: Ach, mein Kind hat Hunger. Also, dass die Menschen sprechen können, ist schon richtig. Ohne Wörter geht es nicht.»

Seufzend räumt Robin ein: «Es war so ein schöner Traum. Und eigentlich leuchtet es mir auch noch nicht ganz ein, warum er unmöglich sein soll.»

Kann man «heute» in die Tasche stecken?

Arnim fällt noch ein Gegenargument ein: «Weißt du, manche Wörter kann man gar nicht mitnehmen. Was ist mit dem Wort ‹heute›? Man kann ‹heute› nämlich nicht sehen!»

Robin: «Wenn ich aber ‹heute› verkleinern würde, dann könnte ich es vielleicht doch mitnehmen.»

Arnim: «Wie willst du das denn machen? Heute ist doch ein Tag. Da müsste ich ja fast alles mitnehmen, was damit zu tun hat. Ich müsste das ganze Haus mitnehmen. Man kann doch nicht alles verkleinern oder nachspielen. Selbst wenn ich so tue, als wenn ich schlafe, dann aufstehe, dann Fußball spiele und so weiter. Der andere versteht

Nachgefragt

Wie spricht man ohne Worte?

Ob man taub ist oder hört – keiner kann auf Sprache verzichten. Sie ist es, die den Menschen zum Menschen macht. Hörende nehmen Sprache mit dem Ohr wahr, Gehörlose oder Schwerhörige dagegen meist mit dem Auge. Jedes menschliche Wesen ist in der Lage, aus einer begrenzten Anzahl von Zeichen – seien dies Buchstaben, Striche, Bilder oder Gesten – und ein paar Regeln, denen die Zeichen gehorchen, eine unbegrenzte Menge von Äußerungen hervorzubringen. Dabei ist die Gebärdensprache genauso exakt wie die gesprochene Sprache. Der ganze Körper drückt das, was man sagen will, aus. Die Gebärde für Reisen ist zum Beispiel: Man hebt den Arm und öffnet und schließt die Hand einige Male. Dieses Zeichen geht auf die Bewegung zurück, die man macht, wenn man mit einer Peitsche in der Hand Pferde antreibt. Möchte der Sprecher sagen, dass er gestern reiste, schaut er über die Schulter nach hinten, möchte er dagegen sagen, dass er morgen reisen wird, schaut er nach vorn.

> **Experimente**
>
> **Können wir ohne Wörter denken?**
>
> Erinnere dich einmal, was du gestern alles gemacht hast. Geh eines nach dem anderen durch und versuche, dabei ohne Worte auszukommen. Gibt es Dinge, die man nur in Bildern denken kann, oder kommen dir immer gleich die dazugehörigen Wörter in den Sinn?

doch gar nicht, dass das der Morgen von dem ‹heute› ist.»

Robin: «Aber ich benutze das Wort ‹heute›, dann muss es doch etwas geben, was so genannt wird. Wenn ich die Augen zumache, dann kommen mir bei dem Wort ‹heute› ganz viele Sachen in den Kopf.»

Arnim: «Eben, dir kommen ganz viele Bilder in den Kopf, nicht nur eines, wie bei ‹Fußball› zum Beispiel. Denk doch mal an das Wort ‹morgen›, dafür gibt es kein Bild. Versuch mal, ein Bild zum Thema ‹morgen› zu malen, das könnte genauso ‹gestern› sein.»

Robin: «Wenn ich aber kein Bild für etwas habe, wie kann ich dann überhaupt darüber nachdenken?»

Sind Affen anders als Menschen?

Ein Philosoph, der sich einen Wörtermacher und noch dazu einen göttlichen Wörtermacher auch nicht vorstellen konnte, war Johann Gottfried Herder. Zu seiner Zeit glaubte man, dass die Sprache von Gott gemacht sei, da nur ein göttliches Wesen etwas so Großes und Schwieriges wie die Sprache habe schaffen können.

Herder meinte, dass der Mensch im Vergleich zum Tier einen Nachteil habe: Hunde bellen, wenn ihnen danach zumute ist, das geschieht bei ihnen ganz automatisch. Menschen funktionieren nicht automatisch. Sie können sogar lügen, sie tun so, als hätten sie keine Angst, und fliehen nicht, obwohl sie eigentlich riesengroße Angst haben. Das Tier lebt in einer kleinen, engen Welt, während der Mensch ständig die Wahl hat. Die menschlichen Sinne sind nicht mehr so geschärft, dass sie den Menschen schützen. Darum hat die Natur den Menschen mit der Fähigkeit ausgestattet, Sprache zu benutzen und über die Welt nachzudenken.

Dabei ist das Sprechen im Säugling angelegt wie das Fliegen im Adlerjungen.

Diese letzte Behauptung Herders hat heutige Wissenschaftler beschäftigt. Sie haben versucht, Affen Wörter beizubringen, und festgestellt, dass bei ungefähr 130 Begriffen ihr Speicher einfach voll ist. Woran liegt das, hat man sich gefragt, können oder wollen sie nicht mehr lernen? Affen, hat man schließlich herausgefunden, brauchen einfach keine menschliche, komplexe Sprache und keine Wörter! Sie haben ganz andere Bedürfnisse als Menschen. Sie sind eben wortlos glücklich!

Berühmte Leute

Damals konnte man noch ohne Schule weit kommen!

Da seine Eltern nicht viel Geld hatten, er aber ein neugieriger Junge war, brachte **Johann Gottfried Herder** (1744 bis 1803) sich das meiste selber bei und setzte sich täglich in die Pfarrbücherei. Zwei Jahre studierte er an der Universität in Königsberg Medizin, Theologie und Philosophie. Obwohl Herder nur ganz kurz zur Schule und zur Universität ging, schrieb er später zahlreiche Bücher, darunter eine «Abhandlung über den Ursprung der Sprache».

Wer bin ich?

Eine merkwürdige Frage

«Was soll das?», wirst du vielleicht antworten. «Ich bin ich. Wer denn sonst?» Damit hast du natürlich Recht. Aber was genau bezeichnet das Wort «ich»? Was ist ein Ich? Über diese Frage hat auch Frederik Vahle gegrübelt und dazu ein Gedicht geschrieben:

Gedicht vom Ich
Ich bin ich
Na klar, oder nicht?
Ich bin ich
Kann jeder Mensch sagen.
Aber wer oder was ist denn nun ein Ich?
Schon bin ich mittendrin im Fragen.
Wo fängt Ich an?
Wo hört Ich auf?
Ist Ich immer gleich,
ob ich sitz oder lauf?
Ist mein Körper das Ich
oder steckt's mittendrin?
In der Brust, im Herzen
oder unten im Bauch.
Im Kopf, im Verstand,
sitzt es ganz obendrauf?
Oder wohnt es mitten in meinen Gefühlen? (…)
Und schneidet mir der Friseur
Klipp klapp
einfach von meinem Ich etwas ab (…)?

Ich denke, also bin ich!

Dieser Satz stammt von René Descartes, einem berühmten französischen Philosophen. Er beschäftigte sich damit, was wir Menschen über uns und die Welt überhaupt sicher wissen können. Er war also auf der Suche nach einer Antwort auf die Frage: Was kann ich wissen? Von «wissen» sprach er nur dann, wenn etwas zweifellos richtig war.

Descartes' Rezept lautete: Alles ist zu bezweifeln! Nicht nur das, was man von anderen Menschen gelernt hat, auch das, was uns unsere Sinne und unser Verstand vermitteln. Schließlich gibt es viele Sinnestäuschungen, und auch bei meinem Verstand kann ich mir nicht sicher sein, ob er mich nicht dauernd in die Irre führt. Doch auch wenn man an allem zweifelt, kommt man mindestens zu einer sicheren Aussage: Ich zweifle! Und da zweifeln so etwas wie denken bedeutet, sagte Descartes: «Ich denke, also bin ich.» Wenn sicher ist, dass ich denke, dann muss dieses denkende Ich – wie auch immer – existieren. Ich bin also laut Descartes ein denkendes Wesen, das darüber Bescheid weiß, dass es existiert.

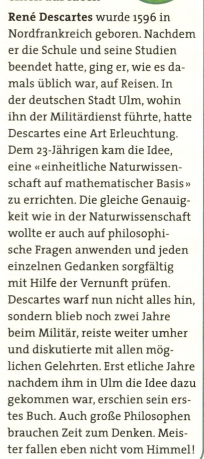

Berühmte Leute

Reisen bringt einen auf Ideen

René Descartes wurde 1596 in Nordfrankreich geboren. Nachdem er die Schule und seine Studien beendet hatte, ging er, wie es damals üblich war, auf Reisen. In der deutschen Stadt Ulm, wohin ihn der Militärdienst führte, hatte Descartes eine Art Erleuchtung. Dem 23-Jährigen kam die Idee, eine «einheitliche Naturwissenschaft auf mathematischer Basis» zu errichten. Die gleiche Genauigkeit wie in der Naturwissenschaft wollte er auch auf philosophische Fragen anwenden und jeden einzelnen Gedanken sorgfältig mit Hilfe der Vernunft prüfen. Descartes warf nun nicht alles hin, sondern blieb noch zwei Jahre beim Militär, reiste weiter umher und diskutierte mit allen möglichen Gelehrten. Erst etliche Jahre nachdem ihm in Ulm die Idee dazu gekommen war, erschien sein erstes Buch. Auch große Philosophen brauchen Zeit zum Denken. Meister fallen eben nicht vom Himmel!

Descartes unterschied zwischen Körper und Geist, wobei das Ich seiner Meinung nach im Geist zu finden ist. Der Körper ist so etwas wie ein mechanisches System mit eigenem Energiehaushalt, und ein toter Körper ist so etwas wie ein nicht funktionierender Motor. Nach Descartes stirbt der Körper nicht, weil ihn die Seele verlässt, sondern die Seele verlässt den Körper, weil er tot ist. Die

> **Berühmte Leute**
>
> **Unter Freunden hilft man sich!**
>
> **John Locke** wurde 1632 in der Nähe von Bristol in England geboren und wurde 72 Jahre alt. Er schrieb zahlreiche wichtige Bücher, darunter auch eines über die Erziehung von Kindern. Ganz anders, als es zu seiner Zeit üblich war, empfahl er Eltern, den Kindern nicht immer nur Regeln und Vorschriften einzubläuen, sondern selbst mit gutem Beispiel voranzugehen. Wenn also dein Vater das nächste Mal sagt, dass du dein Zimmer aufräumen sollst, erzähl ihm doch einmal von Locke, der sich bereits im 17. Jahrhundert für eine freundschaftliche Beziehung zwischen Kindern und Eltern einsetzte. Locke hätte deinem Vater wahrscheinlich geraten, dir beim Aufräumen zu helfen, denn Freunde helfen einander!

Medizin ist zum Teil heute noch stark beeinflusst von Descartes' Trennung zwischen Geist oder Psyche einerseits und Körper andererseits.

Kannst du Descartes zustimmen, dass das Ich im Geist und nicht im Körper sitzt? Falls dir da Zweifel kommen, tröste dich – immerhin weißt du ja: Wer zweifelt, der denkt, und wer ein denkendes Ich ist, den gibt es wirklich!

Vom Tiger, der unter den Schafen aufwuchs

Auch der englische Philosoph John Locke dachte über das Ich nach. Anders als Descartes traute er vor allem unseren Sinnen. Nach seiner Vorstellung ist unser anfängliches Bewusstsein leer wie eine unbeschriebene Tafel *(Tabula rasa)* oder wie ein unmöbliertes Wohnzimmer. Erst durch Erfahrungen – durch alles, was man tut, lernt, liest, fühlt, wahrnimmt, will – wird das Bewusstsein mit Inhalt gefüllt. Hat sich unser Bewusstsein entwickelt, besitzen wir Fähigkeiten, wie das eigene Ich zu erkennen, sich als Individuum zu verstehen und über die Beziehung zwischen sich und der Umwelt nachzudenken. Locke meinte also, dass ein Erdenneuling am Anfang seines Lebens noch nicht wisse, was sein besonderes Ich ausmacht.

Dazu fällt mir eine indische Fabel ein:

Eine trächtige Tigerin sprang eine Schafherde an. Durch die Anstrengung gebar sie. Sie selbst aber starb vor Hunger und Entkräftung. Das Tigerjunge blieb mutterlos zurück, wurde aber von den

Schafen versorgt und wuchs innerhalb der Schafherde auf. Es lernte Gras fressen wie die Schafe und blöken wie die Schafe, und es glaubte, selbst ein Schaf zu sein, obwohl es wie ein Tiger aussah und mit der Zeit sich zu einem ausgewachsenen Tiger entwickelt hatte. Eines Tages nun erschien ein alter Tiger auf der Suche nach Beute und brach in die Schafherde ein. Er war erstaunt, mitten unter den Schafen einen jungen Tiger zu sehen, der mit den Schafen vor ihm floh. Da wartete er, bis er seinen Artgenossen schlafend fand. Er weckte ihn und sprach: «Du bist ein Tiger, du gehörst zu mir.» Aber sein Gegenüber blökte ihn nur angstvoll an. Da trieb ihn der Tiger hinunter an einen kristallklaren Bergsee, ließ ihn hineinschauen und sagte: «Sieh mein Spiegelbild und sieh dein Spiegelbild.» Da sah der Schaf-Tiger zweimal genau das gleiche Gesicht vor sich im Wasser, das Gesicht eines Tigers. Und mit Urgewalt stieg eine Erkenntnis in ihm auf. Er fing an zu brüllen wie ein richtiger Tiger. Augenblicklich war ihm bewusst geworden, dass er nicht ein Schaf, sondern ein Tiger war. Und er zog mit dem älteren Tiger in den Wald.

Hätte der Tiger auch irgendwann herausbekommen, dass er ein Tiger ist, wenn der alte Tiger nie vorbeigekommen wäre? Hätte er es wissen können oder sogar wissen müssen?

Gibt es überhaupt ein Ich?

Vielleicht kann uns ja der Schotte David Hume weiterhelfen. Er studierte an derselben Schule in Frankreich wie Descartes, nur 100 Jahre später. Hume glaubte nicht an den Descartes-Satz: *Ich denke, also bin ich.* Am allerwenigsten glaubte er, dass man behaupten könne, ein Ich zu haben. Wenn man sagt: «Mir ist warm!», oder «Ich habe keine Lust, mein Zimmer aufzuräumen», sind das zwar Empfindungen, die einen selbst betreffen, aber das bedeutet nicht, dass man zweifelsfrei irgendein Ich wahrnimmt. Nach Humes Meinung ist das Ich ein Bündel wechselnder Vorstellungen von Gefühlen und Gedanken. Das *eine* Ich, nach dem wir suchen, gebe es gar nicht!

Der junge Tiger in der Fabel denkt bis zu der Begegnung mit seinem älteren Artgenossen, dass er ein Schaf sei. Einmal abgesehen davon, dass die meisten Philosophen nur über das Ich des Menschen nachdachten und bestritten hätten, dass ein Tier genauso über einen Geist verfügt und denken kann wie ein Mensch – was hätten David Hume und die anderen beiden Philosophen wohl zu der Geschichte des Tigers gesagt?

John Lockes Antwort: Denkt man an die Idee vom Bewusstsein als zunächst leerer Tafel, so könnte man sagen: «Klar, der Tiger war umgeben von Schafen, daher lernte er das zu tun, was eben Schafe tun. Kein Wunder, dass der sein ‹Ich-Wohnzimmer› mit Gras, Blöken und Angst vor Tigern ‹möblierte›.»

René Descartes' Antwort: Bin ich ein Schaf? Bin ich kein Schaf? Bin ich ein Tiger? Bin ich ein Schaftiger oder …? Berechtigte Zweifel des Ichs. Ob sein Ich ein Schaf-Ich oder Tiger-Ich war oder eine Mischung aus beiden, darüber konnte er zumindest nachdenken und zweifellos zu dem Schluss kommen, dass wer denkt auch lebt – ich denke, also bin ich! Und das allein ist doch schon ein Grund zur Freude!

David Humes Antwort: Eigentlich ist es gleichgültig, für was sich der Tiger hält. Das Ich setzt sich zusammen aus zahlreichen ständig neuen Eindrücken. Erst in unserem Denken werden diese Einzelteile zu einem Ganzen zusammengesetzt. Doch das heißt nicht, dass es dieses Ich aus unserer Vorstellung auch tatsächlich gibt.

In der Fabel verhilft am Ende der alte Tiger dem jungen zu einer Art Erkenntnis. Es scheint, als wenn die Fabel dem Tiger auf die Frage «Wer bin ich?» antwortet: Dein wahres Ich ist tief in dir, es schlummert in dir und kann nie ganz verschüttet werden, ganz egal, ob du unter Schafen lebst oder durch andere Lebensumstände. Allerdings kann es ein wenig dauern und bedarf manchmal der Hilfe von außen, bis man sein wahres Ich gefunden hat.

Es bleibt der Zweifel, ob es wirklich jemanden geben kann, der besser als du weiß, wer du bist! Kannst du dir vorstellen, wie sich der junge Tiger fühlt? Ist er jetzt glücklicher, nun da er eine Antwort erhalten hat auf diese Frage, die er sich übrigens gar nicht gestellt hatte? Aber das ist eigentlich eine neue Frage.

Im Herz, im Hirn, in den Genen – wo sitzt mein Ich?

Wenn man Leute fragt, wo eigentlich das Ich sitzt, dann fassen einige an die Brust und meinen damit, dass das Ich seinen Platz im Herzen habe. Andere sagen, dass ihr Ich im Gehirn sei. Sind den nun Geist und Körper verschiedene Dinge, wie Descartes sagt? *Haben* wir einen Körper, oder *sind* wir auch dieser Körper?

Der Philosoph Aristoteles würde Descartes widersprechen. Er war fest davon überzeugt, dass das Ich unseren ganzen Körper durchdringt. Was bedeutet dies dann aber, wenn ein Teil unseres Körpers verletzt ist oder ersetzt wird? Wenn mein Arm gebrochen ist, ist dann auch mein Ich gebrochen? Wie weit geht mein Ich? Bis in die Haarspitzen und die Fingernägel? Ist mein Ich auch in meinem Lieblingspullover oder in meinem Kuscheltier? Kennst du das: Der Pullover deines Freundes oder deiner Freundin riecht wirklich nach ihm oder ihr. Heißt das, dass ein Teil ihres Ichs am Pullover haftet? Zu der Frage, wo das Ich endet, gibt es einen jüdischen Witz:

An der Pforte des Gebetshauses tritt Avrom zu Yankel:
 «Guten Tag, Yankel.»

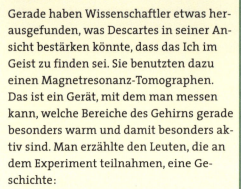

Nachgefragt

Sitzt das Ich im Gehirn hinten links?

Gerade haben Wissenschaftler etwas herausgefunden, was Descartes in seiner Ansicht bestärken könnte, dass das Ich im Geist zu finden sei. Sie benutzten dazu einen Magnetresonanz-Tomographen. Das ist ein Gerät, mit dem man messen kann, welche Bereiche des Gehirns gerade besonders warm und damit besonders aktiv sind. Man erzählte den Leuten, die an dem Experiment teilnahmen, eine Geschichte:

Ein Räuber, der soeben ein Fahrrad gestohlen hat, flüchtet. Es ist dein Fahrrad! Doch du kannst ihn nicht mehr aufhalten. Er rennt weg. Ein Polizist, der den Mann beobachtet, denkt, dass er so schnell läuft, um den bereits nahenden Bus an der nächsten Haltestelle zu bekommen. Er weiß nicht, dass es sich um einen Räuber handelt. Du hast gerade noch Gelegenheit, dem Polizisten etwas zu sagen, bevor der Räuber mit deinem Fahrrad verschwindet. Was sagst du dem Polizisten?

Um die Frage am Ende zu beantworten, muss man sein Ich-Denken und -Fühlen in Bewegung setzen, denn man fragt sich ja in diesem Moment: Tja, was sag *ich* denn dem Polizisten, damit *mein* Fahrrad jetzt nicht auf Nimmerwiedersehen verschwindet? Bei allen Menschen, denen man die Geschichte erzählte, wurde in dieser Situation der gleiche Bereich im Gehirn aktiv. Hat also das Ich einen Ort im Gehirn?

«Guten Tag, Avrom.»
«Hast du Sorgen, Yankel?»
«Warum fragst du mich das?»
«Deine Gesichtsfarbe gefällt mir nicht. Du siehst so bleich aus.»
«Ich muss dir gestehen, mein Magen verdaut schlecht, meine Fußgelenke sind geschwollen, das Herz schlägt unregelmäßig und vor allem: Auch ich selbst fühle mich nicht besonders wohl.»

Die Naturwissenschaftler verfolgen auch eine Spur des Ichs, die sich in unserem ganzen Körper findet: In der Desoxyribonukleinsäure, abgekürzt der DNS, sind alle Erbinformationen über eine Person enthalten. Die Struktur dieses Erbmoleküls, das sich in jeder unserer Zellen findet, ist etwas ganz Besonderes. Nur eineiige Zwillinge und Klone besitzen die gleiche DNS. Heißt das nun, dass Klone das gleiche Ich haben?

Eine weitere ungeklärte Frage, über die du einmal weiter nachdenken könntest, ist, ob das Ich sich im Laufe der Jahre eigentlich verändert.

Geht es dir auch so, wenn du ein Babyfoto von dir siehst, dass du dich manchmal nicht sofort erkennst? Ist das Ich des Tigerbabys das gleiche Ich wie das des erwachsenen Tigers?

Zum Schluss noch ein Gedanken-

Zahlen & Rekorde

Wer hat wie viele Chromosomen?

Chromosomen nennen wir die Bausteine, die die Erbinformation für alle unsere Zellen im Körper tragen. Sie sind in unterschiedlicher Zahl bei verschiedenen Lebewesen vorhanden:

Fruchtfliege:	8 Chromosomen
Reis:	24 Chromosomen
Maus:	40 Chromosomen
Mensch:	46 Chromosomen
Schimpanse:	48 Chromosomen
Hund:	78 Chromosomen

Berühmte Leute

Sie sorgten für eine echte Sensation

So, wie ein Adressaufkleber jedes Paket identifiziert, besitzt jeder Mensch genetische Merkmale, die ihn einzigartig und wiedererkennbar machen. Die Adresse des Menschen ist sein genetischer Fingerabdruck. Nach langem Grübeln und Diskutieren entdeckte **James Watson** zusammen mit seinem Kollegen **Francis Crick** am 28. April 1953, wie das Erbmolekül DNS aufgebaut ist. Etwas Pappe, ein wenig Draht und ein Geistesblitz machten die beiden zu Vätern einer neuen Forschungsrichtung: der molekularen Genetik – und brachten ihnen ganz nebenbei noch den Nobelpreis ein.

experiment: Stell dir vor, ein Außerirdischer landet bei dir im Vorgarten. Er will alles von dir wissen. Nach kurzer Zeit fällt ihm auf, dass du immer von «ich» sprichst. Er bittet dich, zu erklären, was das Ich des Menschen ist. Versuch doch einmal, ihm das zu erklären!

Können Steine glücklich sein?

Sei doch nicht immer so eine Mimose!

«Tante Gerties Blumen sind wieder glücklich», berichtete Fred.
«Blumen können nicht glücklich sein», sagte Alice in der Ecke finster, über eine Schale Cornflakes gebeugt. «Tante Gertie spricht gern über Blumen, als ob sie Menschen wären. Aber in Wirklichkeit haben sie gar keine Gefühle. Sie können nicht durstig, traurig oder glücklich sein.»
«Ist das richtig, Mama?», fragte Fred enttäuscht.

Als ich zum ersten Mal diese Geschichte des Philosophen Gareth B. Matthews las, dachte ich spontan, dass Blumen durchaus glücklich oder traurig sein können. Aber wie soll ich das beweisen?

Mir fiel die Mimose ein, die vor ein paar Jahren bei meiner Schwester auf der Fensterbank stand. Immer wenn jemand die Mimose berührte, reagierte sie sofort und klappte ihre Blätter zusammen. Da jeder, der meine Schwester besuchte, ausprobieren und sehen wollte, wie die Mimose das machte, war die Blume bald so entnervt und gestresst, dass sie schließlich starb. Meine Schwester warf die Pflanze auf den Kompost. Sie hatte gar kein schlechtes Gewissen, dass sie die Mimose nicht beerdigt hatte, für sie besaß eine Blume kein Gefühl und keinen Anspruch auf ein vernünftiges Begräbnis, wie es zum Beispiel ihre Katze bekommen hatte. Beerdigst du eigentlich deine Kakteen, wenn sie eingegangen sind? Oder kennst du jemanden, der das macht?

Ich kann mich noch gut daran erinnern, wie ich als Kind abends im Bett lag und überlegte, ob ich auch nicht vergessen hätte, alle meine Puppen und Kuschelhasen zuzudecken. Jeden Abend hängte ich außerdem meinem Plüschuhu, der auf dem Nachtschrank saß, ein Taschentuch über die Augen – so wie meine Mutter es mit unserem Wellensittich machte – um sicherzugehen, dass auch er schlief und mich nicht die ganze Nacht beobachtete. Alles um mich herum konnte ganz nach meinem Belieben leben und im nächsten Moment völlig unbelebt in die Ecke geworfen werden. Ist doch bloß eine Puppe, dachte ich dann.

Haben Joghurtbecher eine Seele?

«Ich denke, dass Blumen zeigen, ob sie glücklich sind», sagt Annika zu ihrer Freundin Lisa. «Entweder sie wachsen gut oder nicht, entweder sie werden größer oder nicht, entweder sie bekommen Ableger oder nicht. Aber was ist mit einem Stein?»

«Wieso ein Stein? Steine leben doch gar nicht. Und um glücklich zu sein, muss man doch leben!», entgegnet Lisa.

Bist du ganz sicher, dass Steine nicht leben? Was ist eigentlich Leben? Vielleicht müssen wir das erst einmal herausfinden, bevor wir entscheiden können, ob Blumen und Steine Glück kennen.

«Gute Idee», findet Lisa. «Ich habe neulich in einem Buch eine Liste von Eigenschaften gefunden, die alles Lebendige gemeinsam hat. Warte, ich hole sie eben. Sie ist mal wieder von Aristoteles.» Alles, was lebt, hat

1. in sich einen Anfang und ein Ende
2. eine Seele
3. in sich ein Ziel
4. Wahrnehmungen
5. Vernunft
6. Bewegung und Stillstand am Ort
7. Bewegung in der Ernährung

8. Hinschwinden
9. Wachstum

Annika runzelt unzufrieden die Stirn: «Der erste Satz ist ganz schön schwierig: Alles, was lebt, hat in sich einen Anfang und ein Ende ... o. k., lass uns ein paar Beispiele nehmen: Was ist mit folgenden Dingen:

> 1.) Joghurtbecher
> 2.) Schmetterlinge
> 3.) Hunde
> 4.) Häuser
> 5.) Menschen
> 6.) Grashalme

«Da hast du dir aber ganz schön komische Sachen ausgedacht.»

«Wenn wir uns die sechs Dinge genau anschauen, dann können wir wahrscheinlich für alle sagen, dass sie einen Anfang und ein Ende haben. Na ja, was vielleicht komisch klingt, ist die Formulierung, dass sie ‹in sich› einen Anfang und ein Ende haben. Ich vermute, Aristoteles will damit sagen, dass es zu ihrer Natur gehört.»

«Meinst du wirklich, dass ein Joghurtbecher auf die gleiche Art einen Anfang und ein Ende hat wie ein Schmetterling?», zweifelt Lisa.

«Besonders merkwürdig klingt, dass der Joghurtbecher eine Seele haben könnte», muss Annika ihr zustimmen.

«Ich habe gelesen, dass für Aristoteles die Seele zu allen Lebewesen unaustauschbar dazugehört. Auch jeder Grashalm besteht aus einem Körper und einer Seele, wobei eine Gras-Seele nur einen Gras-Körper und keinen anderen in Schwung bringen kann. Es ist nicht gerade einfach, sich das vorzustellen! Vielleicht sollten wir erst einmal klären, wer oder was alles lebt.»

Aristoteles und der Geburtstag meiner Katze

Lisa nimmt wieder ihr Buch in die Hand: «Hier steht, dass für Aristoteles zu dieser Frage ausnahmsweise etwas ganz Einfaches sagt: Er teilt die Welt des Lebendigen in drei Bereiche auf, in Pflanzen, Tiere und Menschen.»

Die Welt der Pflanzen

«Pflanzen leben, da sie sich ernähren, fortpflanzen und wachsen», sagt Aristoteles.

«Die Staubflocken, die unter meinem Bett liegen, wachsen auch, sie werden auf jeden Fall immer größer.»

«Da hätte Aristoteles sofort seine Einwände, denn unter Wachsen versteht er die Herausbildung einer bestimmten Form. Ein Grashalm zum Beispiel hat eine bestimmte Form, und er wächst, um diese Form zu erreichen. Die Ernährung dient dem Wachsen des Grashalms und seine Fortpflanzung der Arterhaltung. Bei einer Staubflocke ist die Form dagegen unvorhersehbar.»

«O. k., dann wissen wir jetzt, dass nach Aristoteles der Grashalm auf jeden Fall lebt, aber was meinst du, kann so ein Grashalm auch glücklich sein?»

«Vom Glück der Grashalme hätte Aristoteles nie gesprochen, denn aus seiner Sicht haben Grashalme keine Sinneswahrnehmungen, die glückliche oder traurige Gefühle verursachen könnten. Genauso wenig haben sie Triebe oder Wünsche. Das heißt, Grashalme drehen sich nicht zur Sonne, weil sie das gern möchten, sondern einfach so, sagt Aristoteles!»

Die Welt der Tiere

Neben den drei Merkmalen Fortpflanzung, Ernährung und Wachsen, die alle lebenden Wesen auszeichnen, kommen bei den Tieren zwei weitere hinzu: die Sinneswahrnehmung und die Fähigkeit, sich von einem Ort zum anderen zu bewegen. Ihre Sinneswahrnehmungen erleiden die Tiere jedoch, meinte Aristoteles. Tiere versuchen, schmerzhafte Situationen zu meiden und angenehme zu suchen. Man könnte zwar behaupten, dass Schmetterlinge *gern* in der Sonne sitzen. Das liegt jedoch einfach daran, dass warme, sonnendurchflutete Plätze sie sozusagen anziehen. Die Schmetterlinge entscheiden sich nicht dafür oder dagegen.»

«Für den Schmetterling kann ich mir das ja irgendwie vorstellen, aber für den Hund? Meinst du, dass unser Hund wirklich nur gekrault werden will, weil er davon angezogen wird und nicht anders kann? Meinst du

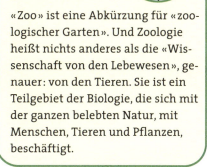

Nachgefragt

Was hat ein Zoo mit Bio zu tun?

«Zoo» ist eine Abkürzung für «zoologischer Garten». Und Zoologie heißt nichts anderes als die «Wissenschaft von den Lebewesen», genauer: von den Tieren. Sie ist ein Teilgebiet der Biologie, die sich mit der ganzen belebten Natur, mit Menschen, Tieren und Pflanzen, beschäftigt.

nicht, dass der Hund sich dafür entscheidet, zu seinem Herrchen zu gehen und sich dort ein paar Streicheleinheiten oder einen besonders leckeren Knochen zu erbetteln?»

«Da hast du schon Recht. Bei kleinen Tieren wie etwa Ameisen oder Schmetterlingen, die wir nicht so gut kennen, fällt es einem leicht anzunehmen, dass sie nicht wirklich glücklich oder unglücklich sein können. Aber bei meiner Katze ist das anders. Wir feiern zum Beispiel ihren Geburtstag. Als Geschenk bekommt sie dann einen Fisch. Und jetzt behauptet dieser Aristoteles, dass das unsere Katze gar nicht glücklich macht, sondern dass sie bloß nicht anders kann, als zu schnurren, wenn sie nach dem Essen bei mir auf dem Schoß sitzt!»

Die Welt der Menschen

«Beim Menschen, steht in diesem Buch, ist dann alles ganz anders. Der Mensch, meint Aristoteles, hat neben all den Fähigkeiten, die auch Pflanzen und Tiere haben, noch die Vernunft. Und die Vernunft braucht man, um sich selbst zu erkennen und so zu leben, wie es am besten zu einem passt. Das heißt, nur der Mensch kann glücklich sein, weil er Vernunft hat und selber über sein Leben entscheidet.»

Lisa schaut auf die Liste und fährt fort: «Lass uns mal prüfen, ob die anderen Dinge leben. Ein Joghurtbecher zum Beispiel hat nach Aristoteles keinen inneren Plan und auch keine Bestimmung, er wächst nicht, er pflanzt sich nicht fort, er ernährt und bewegt sich nicht – dann kann er auch nicht leben. Der Joghurtbecher ist weder glücklich noch unglücklich, da er keine Sinneswahrnehmungen und keine Vernunft hat.»

«Bist du eigentlich ganz sicher?» Aristoteles hat Annika noch nicht überzeugt. «Was ist mit den Joghurtkulturen in dem Becher, hinterlassen sie nicht Spuren von Leben? Und was ist mit dem Material, aus dem der Pappbecher hergestellt ist? Pappe ist doch ursprünglich aus Holz – und Holz lebt doch. Heißt das nicht, dass in dem Becher Spuren von Leben sind?»

«Deine Einwände leuchten mir ein. Ich muss weiter darüber nachdenken …»

Alles, was lebt, möchte glücklich sein!

Ein anderer Philosoph, der sich mit der Frage nach dem Leben und dem Glück herumgeschlagen hat, ist der Grieche Plotin, der vor 1800 Jahren lebte. Plotin bringt einen neuen Gedanken in all die Fragen aus diesem Kapitel. Alles, was lebt, sagt Plotin – und am allermeisten der Mensch –, möchte möglichst ein gutes Leben führen und glücklich sein. Ein gutes Rezept zum Glücklichsein bestehe darin, das zu tun, was am besten zu einem passt.

Was genau ist Gücklichsein? Wann sind wir eigentlich glücklich? Wir benutzen das Wort recht oft: Es macht mich glücklich, wenn ich netten Besuch bekomme, wenn ich Zeit mit meiner besten Freundin verbringe, wenn ich beim Basketball den Korb treffe, wenn ich meine verloren geglaubte Uhr wieder finde oder wenn die Sonne scheint. Manche macht es glücklich, wenn ihre Lieblingsmannschaft im Fußball gewinnt, wenn sie sich getraut haben, vom Fünfmeterbrett im Schwimmbad zu springen, oder wenn sie eine Eins in Mathe geschrieben haben.

Woran liegt es, dass gute Noten glücklich machen können? Ich vermute, Plotin hat Recht: Wenn man etwas tut, was man besonders gut kann, dann macht einen das glücklich. Ganz egal, ob es darum geht, Matheaufgaben zu lösen, das Tor zu treffen oder Witze zu erzählen. Würde ich dagegen versuchen, mir ein Tanzkleid zu nähen, würde ich dabei wahrscheinlich nicht glücklich werden, weil Nähen einfach nicht meine Sache ist. Ich bin zu ungeduldig. Ich habe es schon oft ausprobiert. Glücklich macht es ebenso, etwas zu schaffen, was man bisher nie geschafft hat, wenn man all seinen Mut zusammengenommen und z. B. den Sprung vom Fünfmeterbrett gewagt hat. Aber zu tun, was gar nicht zu einem passt, macht nicht wirklich glücklich; es überfordert einen nur. Allerdings ist es nicht ganz leicht, herauszufinden, was zu einem passt und einen glücklich macht – und was nicht. Wahrscheinlich kann das nur jeder selbst ausprobieren. Niemand kann das besser wissen als man selbst.

Wie sieht das Glück der Steine aus?

Glücklich ist man übrigens auch, wenn man Glück hat! Also wenn man im Lotto gewinnt oder beim Reckturnen von der oberen Stange rutscht und sich nichts bricht. Oder wenn man im Vokabeltest eine Drei schreibt, obwohl man kaum gelernt hat.

Aber fällt dir was auf? Glücklich sein und Glück haben sind zwei verschiedene Sachen. Ich habe auf meinem Nachttisch ganz viele Glücksbringer liegen: einen kleinen Babyteddy, eine Münze, die mir einmal mein Lieblingsonkel geschenkt hat, und natürlich meine Glückssteinsammlung.

«Du hast Glückssteine?», wunderst du dich jetzt vielleicht.

«Ja, immer wenn ich im Urlaub ans Meer fahre, laufe ich am Strand entlang und suche nach schönen Steinen. Und wenn mich ein besonders schönes Exemplar anstrahlt, dann weiß ich, das ist ein Glücksstein.»

«Willst du damit sagen, es sei Glück in dem Stein? Wie sollte es da hineinkommen?»

«Uff, da habe ich noch gar nicht drüber nachgedacht. Vielleicht kommt das Glück in dem Moment in den Stein, in dem ich Glück habe und gerade den Stein in der Hand halte?»

«Ich weiß nicht recht. Auch wenn der vielleicht Glück bringt, heißt das doch nicht, dass da Glück drin ist, und schon gar nicht, dass

der Stein glücklich ist. So ein Stein fühlt doch nichts, er hat keine Sinneswahrnehmungen, kann also nicht fühlen, schmecken, riechen oder hören, und er besitzt keine Vernunft, um festzustellen, ob er glücklich ist!»

«Stell dir doch einmal vor, man würde dem Stein einen kleinen ‹Glückschip› einbauen, vielleicht könnte man dann erfahren, wie das Glück der Steine aussieht.»

«Gute Idee, nur wo im Stein sollte der Chip eingebaut werden? Und wie sollte der Chip den Stein glücklich machen, wenn wir nicht wissen, wie das Glück der Steine aussieht? Schon was uns Menschen glücklich macht, kann doch bei jedem unterschiedlich sein!»

Die zwei Vögel auf einem Baum

Die Schriften sprechen von zwei Vögeln, die auf einem Baum sitzen, einer auf einem höheren Ast und der andere auf einem darunter: Der, der oben sitzt, ist seelenruhig, majestätisch und still. Der andere hüpft von Ast zu Ast, verzehrt die süßen und bitteren Früchte, die an den Zweigen hängen, und fühlt sich abwechselnd glücklich und elend. Der Vogel auf dem höheren Ast ist weder glücklich noch elend, sondern seelenruhig, in sich ruhend und zufrieden. Der Vogel auf dem unteren Ast empfindet hin und wieder Neid wegen der Ruhe und Zufriedenheit des anderen Vogels und versucht dann ruhig und still zu sein, aber nach einer kleinen Weile treibt ihn wieder die Begierde dazu, von den unterschiedlichen Früchten an den Zweigen zu essen. Ab und zu strahlt Licht von dem glänzenden Gefieder des Vogels, der oben sitzt, und fällt dann auf den Körper des Vogels unten.

Welcher der beiden Vögel ist der glücklichere? Und wie würdest du gern sein?

Ein wenig ist der ausgeglichene Vogel zu beneiden. Andererseits: Würde man mir einen Glückschip einbauen, dann würde ich vielleicht gar nicht bemerken, dass ich glücklich bin. Vielleicht

muss ein Vogel manchmal bittere Früchte essen, damit er merkt, dass die süßen süß sind. Und ich muss manchmal beim Skifahren hinfallen, um zu merken, wie glücklich man sein kann, wenn man ohne Sturz einen Hang hinunterfährt. Aber das hieße dann ja, dass man unglücklich sein muss, um glücklich sein zu können. Am besten, wir probieren es aus!

Wozu brauchen wir überhaupt Regeln?

Haben drei mehr Rechte als einer?

Der amerikanische Philosoph Gareth B. Matthews, von dem schon einige Male die Rede war, hat sich einmal zu der Frage, ob man Gesetze und Regeln überhaupt braucht, folgende Geschichte ausgedacht:

Du sitzt vor dem Fernseher und willst die letzte Folge deiner Lieblingssendung sehen. Gemütlich sitzt du mit Chips, Cola und einer Stunde Zeit und Ruhe im Wohnzimmer. Es klingelt an der Tür, drei Kinder und zwei Erwachsene stürmen herein. Deine Mutter begrüßt sie etwas überrascht, kommt zu dir ins Wohnzimmer und stellt die drei Kinder vor, die du noch nie in deinem Leben gesehen hast. Deine Mutter geht in die Küche, um sich mit den Erwachsenen zu einem Tee zusammenzusetzen. Eines der Kinder nimmt die Fernbedienung des Fernsehers, schaltet um und besteht mit seinen Geschwistern darauf, die Sendung auf dem anderen Kanal zu sehen. Das täten sie immer am Sonntag. Deine Einwände, dass dies doch die letzte Folge deines Lieblingsfilms sei, lassen sie nicht gelten. Sie wollen ihren Film sehen. Du gehst in die Küche und fragst leise deine Mutter, warum es eigentlich gerechter sein soll, wenn drei bekommen, was sie wollen, als wenn einer seinen Willen bekommt.

Wie lautet die Regel, nach der hier offensichtlich entschieden wurde?
1. Der Klügere gibt nach.
2. Der Ältere ist der Vernünftigere.

> **Nachgefragt**
>
> **Und was ist die Moral von der Geschichte?**
>
> Das Wort *Moral* kommt in der deutschen Sprache in vielen Redewendungen vor. Mitunter wird es sogar als Schimpfwort benutzt, beispielsweise wenn man sagt: Sei doch nicht immer so moralisch! Dabei bedeutet Moral eigentlich etwas Gutes und ist verwandt mit Mut. Unter Moral versteht man die Regeln, Sitten und Gebräuche, nach denen sich der Umgang der Menschen miteinander richtet. Oft handelt es sich dabei um «ungeschriebene Gesetze». Sie stehen in keinem Buch, sondern werden von den Eltern an die Kinder oder im Sport vom Trainer an die Spieler weitergegeben. Es sind Regeln, die die meisten Leute einer Gesellschaft gut finden und auf die man sich deshalb geeinigt hat. So ein Gesetz der Moral ist zum Beispiel, dass man einen Freund nicht betrügt oder dass jeder in einer Mannschaft sein Bestes gibt.

3. Wenn zwei sich streiten, freut sich der Dritte.
4. Was du nicht willst, dass man dir tu, das füg auch keinem anderen zu.
5. Liebe deinen Nächsten wie dich selbst.
6. Gäste haben immer Recht.
7. Gäste müssen das Hausrecht des Gastgebers respektieren.
8. Die Mehrheit entscheidet.
9. Wer zuerst kommt, mahlt zuerst.

Genau: Die Mehrheit entscheidet. Eigentlich klingt die Regel gar nicht dumm. Immerhin wählen wir nach diesem Prinzip unseren Bürgermeister oder unsere Klassensprecherin. Trotzdem hat man bei dieser Geschichte irgendwie ein komisches Gefühl. Woran liegt das?

Wahrscheinlich hat es damit zu tun, dass diese Regel – hier und auch sonst oft – mit anderen Regeln zusammenstößt, die man ebenfalls richtig findet. In dieser Geschichte sind es vor allem zwei. Hier wird die Regel verletzt: Wer zuerst kommt, mahlt zuerst. Also: Wer zuerst kommt, ist zuerst dran und darf entscheiden. Und es wird noch ein anderes ungeschriebenes Gesetz übertreten, nämlich: Gäste sollten das Hausrecht des Gastgebers respektieren!

Warum brauchen wir überhaupt Regeln, die klären sollen, wie man am besten zusammenlebt? Warum sind wir nicht automatisch gerecht? Oder auch philosophisch gefragt: Warum ist Gerechtigkeit nicht ein Teil von mir, so wie mein Herz oder mein Rückgrat ein Teil von mir ist?

Der Mensch – ein nicht festgestelltes Tier

Befassen wir uns zuerst mit der letzten Frage: Warum handeln wir nicht automatisch gerecht? Jean-Paul Sartre, ein französischer Philosoph, sagt dazu, dass der Mensch ein «nicht festgestelltes Tier» sei. Er wollte damit betonen, dass der Mensch im Gegensatz zum Tier eben nicht nur über Bewusstsein, sondern auch über Selbstbewusstsein verfügt, das ihn dazu verdammt, immer neu zu entscheiden, was gut und was schlecht für ihn ist.

Die Kuh hingegen – ein festgestelltes Tier – gehorcht mehr oder weniger ihrem Instinkt. Der Instinkt sagt ihr, was sie am besten essen und mit wem sie unter dem Baum warten sollte. Die Kuh entscheidet dies nicht, indem sie das Für und Wider lange abwägt, sondern gehorcht. Daher ist sie auch nicht für ihre Handlungen verantwortlich, und wir können nicht sagen: «Kuh, du bist selber schuld, wenn du immer das falsche Gras frisst und Bauchschmerzen bekommst.»

> **Berühmte Leute**
>
> **Keiner verdient es, dafür geehrt zu werden, dass er lebt!**
>
> **Jean-Paul Sartre** wurde 1905 geboren und starb im Alter von 75 Jahren in Paris. Er schrieb nicht nur Bücher, die von der absoluten Freiheit des Menschen handelten, sondern lebte auch frei von allen geltenden moralischen Vorschriften. 1964 wurde Sartre der Literaturnobelpreis verliehen, die höchste Auszeichnung, die ein Autor bekommen kann. Doch Sartre lehnte den Preis ab mit der Begründung: «Kein Mensch verdient es, dafür verehrt zu werden, dass er lebt.»

«Bei der Kuh leuchtet mir das auf den ersten Blick ein», wirst du jetzt vielleicht sagen. «Aber ich habe vor kurzem von Schimpansen gelesen, die richtig zur Schule gehen. Fast drei Jahre lang lernen sie von einer Schimpansenlehrerin die Technik, wie man mit zwei Steinen Nüsse so knackt, dass weder die Nüsse noch die Finger zerschmettert werden. Ich kann mir einfach nicht vorstellen, dass die Schimpansen nur instinkthaft handeln und kein Selbstbewusstsein haben, wenn sie über eine solch lange Zeitspanne hinweg lernen können. Ich denke, dass so ein Schimpanse seine Handlungen auch planen kann.»

Ob wir nun so anders sind als die Tiere oder nicht, eines steht fest: Automatisch funktioniert unser Zusammenleben nicht. Beim Miteinander von vielen gibt es einfach immer Probleme. Ob du es willst oder nicht: In der Klasse sitzt der Tischnachbar oft so nah, dass du sein Leberwurstbrot riechen kannst und beim Schreiben seinen Arm in den Rippen hast. Ständig stößt das, was du willst, mit dem, was andere wollen, zusammen.

Die frierenden Stachelschweine

Auch der Philosoph Schopenhauer dachte über die Schwierigkeiten des Zusammenlebens nach. Er erzählte dazu eine Geschichte, die in etwa so lautet:

Eine Gesellschaft Stachelschweine drängte sich an einem kalten Wintertag recht nahe zusammen, um sich durch die gegenseitige Wärme vor dem Erfrieren zu schützen. Jedoch empfanden sie bald die gegenseitigen Stacheln und gingen lieber wieder ein wenig weiter auseinander. Sobald sie wieder froren, krabbelten sie erneut zusammen, wobei sich nach kurzer Zeit das gleiche Problem ergab und sie sich stachen. So wurden sie zwischen den beiden Leiden Kälte und Schmerz hin und her geworfen, bis sie eine mäßige Entfernung voneinander gefunden hatten. In diesem Abstand zueinander war es zwar nie richtig warm, aber dafür taten die Stiche der Stacheln auch nicht weh. Wer viel eigene Wärme hat, bleibt der Gesellschaft am besten ganz fern.

So wie den Stachelschweinen ist es dir bestimmt auch schon ergangen. Was hältst du von Schopenhauers Rat, zu den anderen lieber auf Distanz zu bleiben? Denken wir noch einmal an die Geschichte, in der die Mehrheit entschied, welche Sendung im Fernsehen geguckt werden sollte. Wäre man an diesem Abend allein geblieben, hätte man kein Problem gehabt und in Ruhe seine Lieblingssendung sehen können.

Andererseits wollen wir nicht immer allein sein. Es scheint, dass wir andere brauchen, auch wenn ihre Stacheln manchmal piksen. Das Problem fängt also dort an, wo mehrere Menschen aufeinander treffen und zusammenleben. Dazu braucht man Regeln und Gesetze. Doch wie soll man entscheiden, welche Regeln sich besonders gut eignen, um das Zusammenleben zu organisieren, und welche nicht? Schade, dass es nicht eine Regel gibt, die immer und überall passt.

Fernando Savater, ein spanischer Philosoph, fand folgende drei Regeln besonders gut, mit denen man Roboter programmierte, die dem Menschen dienen sollten:

> **Berühmte Leute**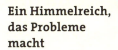
>
> **Ein Himmelreich, das Probleme macht**
>
> **Arthur Schopenhauer** wurde 1788 in Danzig geboren. Er meinte, dass der Wille des Menschen weniger sein Himmelreich sei, sondern eher zu Problemen führe. Daher empfiehlt er, mehr Abstand zueinander zu halten, sich mit der Kunst zu beschäftigen und Mitleid mit anderen Menschen zu haben.

1. Schädige kein menschliches Wesen.
2. Hilf den Menschen, so viel du kannst (solange du dabei die erste Regel nicht brichst).
3. Bewahre deine eigene Existenz, das heißt: Pass auf dich auf! (Aber pass auf, dass du trotzdem hilfst und andere nicht schädigst.)

Berühmte Leute

Es ist deine Pflicht!

Wenn ich das schon höre! Das sagen meine Eltern auch immer: «Es ist deine Pflicht zu helfen!» Aus Pflicht jemandem etwas Gutes tun, dieser Grundsatz stammt ursprünglich von **Immanuel Kant** (1724 bis 1804). Kant meinte, dass gerade ein kaltherziger und mitleidsloser Mensch moralisch besonders lobenswert handele, wenn er jemandem hilft. Ein solcher Mensch nämlich würde jedem helfen und nicht nur denen, die er besonders mag oder deren Leid er verstehen kann. Auch hilft ein solcher Mensch nicht aus Eigennutz.
Der einzige Grund, jemandem zu helfen, den Kant als moralisch wirklich gut anerkennt, ist das Pflichtgefühl und der Respekt dem Gesetz gegenüber. Wenn jemand in guter Absicht handelt, dann ist die Handlung gut, ganz gleich, welche Folgen daraus entstehen. Weil Kant nur die Pflicht als Handlungsmotiv gelten lässt, heißt diese Vorstellung «Pflichtethik».

Was hältst du von den Roboterregeln? Könnte mit ihnen auch das Zusammenleben der Menschen geregelt werden?

Welche Rechte haben Kinder?

Bislang hat man zwar eine universale Verhaltensregel nicht gefunden, jedoch gibt es einige Rechte, die überall gelten und das Zusammenleben aller Menschen angehen. 1948 verkündeten die Vereinten Nationen die «Allgemeine Erklärung der Menschenrechte». 1989 folgte dann eine «Kinderrechtskonvention», in der 54 Rechte aufgeführt wurden, die Kinder überall auf der Welt haben sollten. Mittlerweile wurde dieser Text von 100 Ländern unterzeichnet. Hier eine kleine Auswahl der Kinderrechte:

- Kein Kind darf benachteiligt werden.
- Kinder haben das Recht, gesund zu leben, Geborgenheit zu finden und keine Not zu leiden.
- Kinder haben das Recht, zu lernen und eine Ausbildung zu machen, die ihren Bedürfnissen und Fähigkeiten entspricht.
- Kinder haben das Recht, zu spielen, sich zu erholen und künstlerisch tätig zu sein.
- Kinder haben das Recht, bei allen Fragen, die sie betreffen, mitzubestimmen und zu sagen, was sie denken.
- Kinder haben das Recht auf Schutz vor Gewalt, Missbrauch und Ausbeutung.

- Kinder haben das Recht, sich alle Informationen zu beschaffen, die sie brauchen, und ihre eigene Meinung zu verbreiten.
- Kinder haben das Recht, dass ihr Privatleben und ihre Würde geachtet werden.
- Kinder haben das Recht, im Krieg und auch auf der Flucht besonders geschützt zu werden.
- Behinderte Kinder haben das Recht auf besondere Fürsorge und Förderung, damit sie aktiv am Leben teilnehmen können.

Kinder haben, das sieht man schnell, nach dieser Kinderrechtserklärung besondere Selbstbestimmungs- und Mitbestimmungsrechte für alle Angelegenheiten, die sie betreffen – hast du das gewusst?

Und zum Schluss: Noch mehr philosophische Fragen

Was macht den Philosophen aus? Ich würde sagen, vor allem der Mut, alle Fragen zu stellen, die man hat, und seien sie noch so merkwürdig. Beim Philosophieren gibt es keine falschen Fragen. Ich hoffe, dass dir beim Lesen des Buchs viele neue Fragen eingefallen sind, über die du philosophieren möchtest. Eine kleine Starthilfe habe ich dir noch angefügt.

Wenn du gerade keinen zum Philosophieren finden kannst und gerne mit jemandem gemeinsam nachdenken möchtest, hier zwei Internetadressen, wo du Gesprächspartner findest:
www.philokids.de
www.philosophyforkids.com
(Hier wird auch Deutsch gesprochen.)

Fragen zum Weiterphilosophieren
- Sieht jeder das Gleiche?
- Kann man Intelligenz lernen?
- Ist Verstehen menschlich?
- Was ist menschliche Größe?
- Hat Wissen etwas mit Intelligenz zu tun?
- Besteht das Leben aus Warten?
- Ist Zeit wichtig?
- Was ist lebensnotwendig?
- Haben Gedanken etwas mit Gefühlen zu tun?
- Kann man Lachen in der Hand halten?
- Wann ist man philosophisch?
- Ist der Tod wohl schrecklich oder bestimmt schmerzlos?
- Was kam vorher, das Ei oder das Huhn?
- Warum sind Pflanzen grün und nicht blau?
- Warum sind die Dinge so, wie sie sind?

- Warum gibt es positive und negative Menschen?
- Ist Gott perfekt?
- Woran soll man glauben: Zufall oder Schicksal?
- Haben wir uns selbst erschaffen, oder hat uns jemand erschaffen?
- Wer oder was beeinflusst unsere Gedanken?
- Wieso sterben wir?
- Wieso geben Menschen an?
- Wieso gibt es Macht?
- Was bedeutet perfekt?
- Was ist der Unterschied zwischen sagen und wissen?
- Ist ein Herz ein Lebewesen?
- Was ist ein Wunder?
- Was ist ein Beweis?
- Was ist schön?
- Woher weiß der Hase, dass er ein Hase ist und kein Känguru?

Verwendete Literatur

Seite 11

Hans Gärtner, : *Aesop 12 Fabeln*, Illustriert von Lisbeth Zwerger und neu erzählt von Hans Gärtner, Neugebauer Verlag, Wien 1992, Seite 4.

Seite 15

Hans Caspar Graf von Bothmer, *Kalila und Dimna. Ibn al-Muqaffa. Fabelbuch in einer Mittelalterlichen Handschrift*, Wiesbaden 1981, Seite 80.

Seiten 18, 56

Astrid Lindgren, *Ronja Räubertochter*, Oetinger Verlag, Hamburg 1982, Seite 27, Seite 19.

Seite 21

Matthias Heyl, *Anne Frank*, Rowohlt Verlag , Reinbek 2002.

Seite 22

Aristoteles, *Die Nichomachische Ethik*, Deutscher Taschenbuch Verlag, München 1991.

Seite 24

Liselotte Rauner, «Freundschaft». In: *Poesiekiste. Sprüche für das Poesiealbum*, hrsg. von J. Fuhrmann, Rowohlt Verlag, Reinbek 1995, Seite 41.

Seite 26

Arnold Lobel, *Das große Buch von Frosch und Kröte*. Neu Erzählt von Tilde Michels, Deutscher Taschenbuch Verlag, München 1998, Seite 210–221.

Seite 29

Martin Luther*: De servo arbitrio (gegen Erasmus: De libero arbitrio) oder von der Freiheit eines Christenmenschen*, Wittenberg 1525 (10. Aufl. 1526)

Seite 32
: James Thurber, *Fünfundsiebzig Fabeln für Zeitgenossen*, Rowohlt Verlag, Reinbek bei Hamburg 1967, Seite 60/61. (Zitiert nach Hans Ludwig Freese, *Gedankenreisen. Philosophische Texte für Jugendliche und Neugierige*, Rowohlt Verlag, Reinbek bei Hamburg 1990, Seite 161.)

Seite 33, 82
: Hans Ludwig Freese, *Gedankenreisen. Philosophische Texte für Jugendliche und Neugierige*, Rowohlt Verlag, Reinbek 1990. Seite 163, Seite 133

Seite 34
: Astrid Lindgren, *Karlsson vom Dach*, Oetinger Verlag, Hamburg 1990.

Seite 37
: Robert Levine, *Eine Landkarte der Zeit. Wie Kulturen mit Zeit umgehen*, Piper Verlag, München 1999, Seite 45 ff., S. 180.

Seite 37
: Hans Ludwig Freese, *Abenteuer im Kopf. Philosophische Gedankenexperimente*, Beltz Quadriga Verlag, Weinheim 1996, Seite 173 f.

Seite 43
: Ernst Pöppel, «Der Necker'sche Würfel», in: *Das Phänomen Zeit in Kunst und Wissenschaft*, hrsg. v. H. Paflik, Ars Verlag, Weinheim 1987, Seite 25 f., S. 32.

Seite 46
: *Fables of Aesop*, Penguin Books, Melbourne/London/Baltimore 1954, Seite 101.

Seite 48
: Christian Keysser, *Lehret alle Völker*, Freimund Verlag, Neuendettelsau 1960, Seite 9 ff.

Seite 50
: Goscinny/Uderzo, *Asterix und die Normannen*, In: Asterix Gesamtausgabe Band. 3, Ecc/Ema Ehapa Comic Collection/Egmont Manga Anime, 2000.

Seite 62
> Lewis Carroll, *Alice hinter den Spiegeln*, Insel Verlag, Frankfurt/Main 1974, Seite 63–64.

Seite 65
> Tschuang Tse, *Dichtung und Wirklichkeit*, Insel Verlag, Frankfurt/Main 1936, Seite 15.

Seite 76
> Frederic Vahle, «Gedicht vom Ich», In: *Bewegliche Lieder oder Musik macht Beine*, Rowohlt Verlag, Reinbek 2002, S. 21–24.

Seiten 78, 93
> Johannes Lähnemann, *Weltreligionen im Unterricht*, Teil 1 Fernöstliche Religionen, Verlag Vanderhoek und Ruprecht, Göttingen 1986, Seiten 46, 47, 123.

Seiten 85, 94
> Gareth B. Matthews, *Philosophische Gespräche mit Kindern*, Freese Verlag, Berlin 1989, Seiten 23, 123.

Seite 97
> Friedrich Schopenhauer, *Parerga und Paralipomena*, Band II, Diogenes Verlag, Zürich 1977, Seiten 708–709.

Seite 98
> Fernando Savater, *Die Fragen des Lebens*, Campus Verlag, Frankfurt/Main 2000, S. 80 f.

Dank

Ich danke Angelika Mette für die Möglichkeit, beim Rowohlt Verlag dieses Buch schreiben zu können und Susmita Arp für ihre überschauende und anregende Redaktion.

Danken möchte ich auch Dr. B. Reis, Philosophische Fakultät, Universität Hamburg, für seine Anregungen. Ein Dankeschön geht an alle Kinder und Jugendlichen, die mit mir philosophiert haben!

Register

Aesop 11
Alice 62 f.
Angst 46–52
– Flügel verleihende 50–52
– Kunst 52
Angstfreiheit 49
Apfeltorte 66 f.
Archytas von Tarent 56
Argumente 10
Aristoteles 12, 22 f., 25, 82, 88–90
Arnim 67–74
Atomuhr 44
Avrom 82 f.

Behauptungen, allgemein gültige 10
Begriffe 9, 12 f.
Begriffsmolekül 13
Berühmte Leute
– Anaximander von Milet 59
– Aristoteles 23
– Augustinus 30
– Bentham, Jeremias 35
– Carroll, Lewis 62
– Crick, Francis 83
– Descartes, René 77
– Dumas, Alexandre 16
– Erasmus von Rotterdam 29
– Herder, Johann Gottfried 74 f.
– Hood, Robin 19
– Locke, John 78
– Luther, Martin 29
– Matthews, Gareth 36
– Pascal, Blaise 64
– Sartre, Jean-Paul 97
– Schopenhauer, Arthur 98 f.
– Vinci, Leonardo da 51
– Watson, James 83
Bewusstsein 97
– anfänglich leeres 78, 80

Bibel 32
Bibliothek, ungewöhnliche 37 f.

Chromosomen 83

Denken 77, 80
Descartes, René 77 f., 80, 82
Dinosaurier 45
DNS 83
Düsentrieb, Daniel 51

Ehrlichkeit 16 f., 24
Einstein, Albert 43 f., 54 f.
Enten und Schildkröte 15–17, 20
euklidische Geometrie 64
Experimente
– Begriffsmolekül 13
– Denken ohne Wörter 74
– drei Sekunden 43
– tanzende Münze 27
– Willenskraft 28

Faultier 43
Fliegen 51 f.
Fortpflanzung 88–90
Fragen, unmögliche 14
Frank, Anne 21 f.
freier Wille 29 f. (→ Willenskraft)
Freiheit, absolute 97
Freud, Sigmund 50
Freunde 12, 18 f., 22–24
– angenehme 19, 23
– lebensnotwendige 22 f.
– nützliche 19, 23
– unterschiedliche 22
Freundschaft 11–13, 16 f., 23, 25
– anstrengende 20
– beendete 24
– ungleichgewichtige 24
– verschiedene Vorstellungen von 19

Frosch 26f., 31
Fußball 70, 73f.
– «Fußrund» 69
– Gott und Teufel 28, 30
– im Fenster gelandeter 30f.

Galaxienbewegung 58
Galilei, Galileo 57
Gedankenexpedition 14
Gedankenexperimente 9, 13, 58
Gegenwartsfenster 43 (→ Zeit-…)
Geist 77f.
genetischer Fingerabdruck 83
Glück 10, 13f., 35, 90f.
– gute Noten 91
– im Kontrast zum Unglück 94
– zwei Vögel 93
Glück haben 92
glückliche Blumen 10, 86
Glückschip 13f., 93
Glückssteine 92
Glücksvorstellungen 11
goldene Regel 32f., 36
Gottesbeweis 68

Hermogenes 67
Hubble, Edwin 59
Hume, David 80
Hunde 43, 89f.

Ich 78, 80f., 83f.
– Sitz 82

Joghurtbecher, lebendiger 87f., 90

Kant, Immanuel 12, 42, 100
Karlsson 35
Kekse 26–31
Kepler, Johannes 57i
Kinderrechte 100f.
Kitty 21
Kopernikus, Nikolaus 57

Kratylos 67
Kröte 26f., 31

Land- und Stadtmaus 11
Langeweile 17–19
Lichtgeschwindigkeit 44 (→ Zeitreise)
Lillebror 35
Lindgren, Astrid 18, 35

Mädchenbande 19
Magnetresonanz-Tomograph 82
Matthews, Gareth B. 36, 85, 95
Mattisburg 18, 56
Mimose 85
Mittelalter 56
Moral 96
Munch, Edvard 52
Mutprobe 19

Nachgefragt
– Einsiedler 20
– Eskimoworte für Schnee 69
– Freund 18
– Furchthase 50
– Gebärdensprache 73
– Katze auf der Fußmatte 68
– Moral 96
– Papua-Neuguinea 49
– Poesiealbum 24
– rot träumen 65
– Rotes Meer 54
– Sitz des Ichs 82
– Sternenlicht 58
– Thora 33
– Zoo 89
– Zwillinge 44
Namen 67–70 (→ Wörter)
Nützlichkeit 19, 35

Olbers, Heinrich 58

Papua-Neuguinea 48
Paradoxa 41

Pascal, Blaise 63 f.
Pascaline 64
Pflichtethik 100
Philosophen 9, 54, 66, 102
Philosophieren mit Kindern 9 f., 12, 14, 36, 102
Planetenbewegungen 57
Platon 12, 66
Plotin 91
Psalter-Karte 54

Raumschiff 43 f.
Regeln 95, 99
Regelverletzung 96
Relativitätstheorie 44
religiöse Vorstellungen 32 f., 53–55
REM-Schlaf 65
Robin 67–74
Roboterregeln 99 f.
Ronja Räubertochter 18, 55 f.

Savater, Fernando 99
Schmetterlinge 89 f.
Selbstbewusstsein 97 f.
Selbsterkenntnis 90
Sinneswahrnehmung 89 f.
Stachelschweine 98 f.
Steine, glückliche 92 f.
Sterne, unendlich viele 58
Stier und Wildziegen 46 f.

Tagebuch-Freundin 21 f.
Talmud 33
Thora 32 f.
Thurber, James 32
Tier, nicht festgestelltes 97
Tiger unter Schafen 78–81, 83
Traum 61–65
Tschuang Tse 64 f.

Unendlichkeit 59
Universum 60
– Ende 53, 55

– Grenze 56
– Mittelpunkt 56 f., 59
– parallel existierendes 44 f.
– unendliches 59
Urknall 59
Utilitarismus 35 (→ Nützlichkeit)

Vahle, Frederik 76
Vertrauen 17 f.
Vögel, zwei 93 f.

Warten 42 f.
Wer kann das?
– Zeit 39
Willenskraft 27 f., 30
Wirklichkeit 61 f. (→ Traum)
Wissen 77
Wittgenstein, Ludwig 68
Wörter 66–69, 72–76
Wörtermacher 70 f., 74
Wünsche der anderen 33–35

Yankel 82 f.

Zahlen & Rekorde
– Chromosomen 83
– Planetenbahnen 57
– Schildkröte 41
Zeit 38–40
– abwaschbare 40
– lineare 41–43
– unterschiedlich schnelle 39
– Veränderung von Eigenschaften 40
– zyklische 41–43
Zeitmaschine 43 f.
Zeitreise 43–45
– Telefonieren 45
Zenon 40 f., 43
Zusammenleben 98
– Distanzierung 99
Zweifel 80
Zwiddeldum/Zwiddeldei 62 f.

Abbildungen

Die Illustrationen und Vignetten der Textkästen gestaltete Antje von Stemm.

Seite 22
: Anne Frank/Porträtaufnahme, um 1940.
© akg-images.

Seite 29
: Luther, Porträt um 1529, Cranach d. Ä.,
© akg-images/Kunstsammlungen Böttcherstraße, Bremen.

Seite 51
: Leonardo da Vinci, Kurbelgetriebe für Flügel und Luftschraube.
© akg-images.

Seite 52
: Edvard Munch «Der Schrei», 1893, Oslo Munch-Museet.
akg-images, © The Munch Museum/The Munch Ellingsen Group/VG Bild-Kunst, Bonn 2004.

Seite 54
: «Weltkarte mit Christus», Buchmalerei um 1250.
© akg-images/British Library.

Seite 57
: «Symbolische Darstellung der Durchbrechung des mittelalterlichen Weltbildes», aus: Camille Flammarion, Paris 1888.
© akg-images.

«*science & fun* ist die gelungene Antwort auf die PISA-Studie.» Frankfurter Rundschau

Jörg Blech
Mensch & Co.
Aufregende Geschichten von Lebewesen, die auf uns wohnen
3-499-21162-9

Gert Kähler
Scifun-City
Planen, bauen und leben im Großstadtdschungel
3-499-21203-X

Rudolf Kippenhahn
Streng geheim!
Wie man Botschaften verschlüsselt und Zahlencodes knackt
3-499-21164-5

Dieter Neubauer
Wasser-Spiele
Experimente mit dem nassen Element
3-499-21198-X

Rainer Schultheis
DonnerWetter!
Sonne, Regen, Wind und Wolken – wie das Klima entsteht
3-499-21219-6

Gerald Bosch
Expedition Mikroskop
Den kleinsten Dingen auf der Spur
3-499-21161-0

Christoph Drösser
Stimmt's?
Freche Fragen, Lügen und Legenden für clevere Kids

3-499-21163-7

Mehr Infos im rotfuchs-Magazin fuxx! und unter www.fuxx-online.de